I0759481

The CHOSEN®

LIBRO CINCO

BroadStreet Publishing® Group, LLC
Savage, Minnesota, E.U.A.
BroadStreetPublishing.com

THE CHOSEN, Libro cinco: 40 días con Jesús

978-1-4245-7079-9 (tapa piel símil)
978-1-4245-7080-5 (libro electrónico)

Representado por Steve Laube con la Steve Laube Agency

Traducción, adaptación del diseño y corrección en español por LM Editorial Services | lmeditorial.com |
lydia@lmeditorial.com con la colaboración de
William Rainier (tipografía).

Impreso en Malasia / Printed in Malaysia

25 26 27 28 29 * 6 5 4 3 2 1

The CHOSEN®

LIBRO CINCO

BroadStreet
ESPAÑOL

TABLA DE CONTENIDO

INTRODUCCIÓN

Jesús dejó muy claro que debemos amar a Dios y al prójimo:

«Y Él le contestó: "Amarás al Señor tu Dios con todo tu corazón, y con toda tu alma, y con toda tu mente. Este es el grande y primer mandamiento"» (Mateo 22:37-39).

También dejó claro que debemos buscar la verdad y, al hacerlo, encontrarla y conocerla personalmente:

«Jesús le dijo: "Yo soy el camino, la verdad y la vida; nadie viene al Padre sino por Mí. Si ustedes me hubieran conocido, también hubieran conocido a Mi Padre; desde ahora lo conocen y lo han visto"» (Juan 14:6-7).

Lamentablemente, vivimos en un mundo que valora los sentimientos y deseos personales más que la verdad objetiva. Incluso, hemos cambiado nuestro lenguaje coloquial para adaptarlo a nuestro egocentrismo y a nuestra relación en constante evolución con la verdad, llamándola «mi verdad», como si la verdad cambiara según la persona que afirma conocerla.

Claro que hay experiencias personales que nos hacen ver a Dios y a los demás de una manera particular, a través de una perspectiva particular; no podemos evitar relacionarnos con el mundo de una manera singular de acuerdo a lo que hemos vivido. Aunque tengamos experiencias personales que nublan nuestro juicio no significa que podamos redefinir la verdad. Y cuando se trata de conocer a Jesús, quien se llamó a sí mismo «la Verdad», no podemos adaptar nuestras creencias sobre quién es Él o qué enseñó basándonos en lo que nos resulta cómodo.

De hecho, somos responsables de cómo respondemos a la Verdad:

«No todo el que me dice: "Señor, Señor", entrará en el reino de los cielos, sino el que hace la voluntad de Mi Padre que está en los cielos. Muchos me dirán en aquel día: "Señor, Señor, ¿no profetizamos en Tu nombre, y en Tu nombre echamos fuera demonios, y en Tu nombre hicimos muchos milagros?". Entonces les declararé: "Jamás los conocí; apártense de Mí, los que practican la iniquidad"» (Mateo 7:21-23).

Así que, con el espíritu de amar a Dios y al prójimo, y en busca de la verdad que salva, hemos escrito este nuevo libro devocionario. De hecho, Jesús es el único camino, la verdad inmutable y la vida eterna, lo que significa que lo más amoroso que podemos hacer es: 1) creer en Él, y 2) hablarles a los demás sobre quién es Él y lo que enseñó, sin importar cómo pueda ofender nuestro egocentrismo y nuestra relación en constante evolución con la verdad.

Que podamos soportar su enseñanza con oídos abiertos. Que seamos sobrios. Y que amemos a los demás lo suficiente como para aferrarnos a la Verdad, sin importar cuán impopulares se hayan vuelto sus enseñanzas:

«En la presencia de Dios y de Cristo Jesús, que ha de juzgar a los vivos y a los muertos, por Su manifestación y por Su reino te encargo solemnemente: Predica la palabra. Insiste a tiempo y fuera de tiempo. Amonesta, reprende, exhorta con mucha paciencia e instrucción. Porque vendrá tiempo cuando no soportarán la sana doctrina, sino que teniendo comezón de oídos, conforme a sus propios deseos, acumularán para sí maestros, y apartarán sus oídos de la verdad, y se volverán a los mitos. Pero tú, sé sobrio en todas las cosas, sufre penalidades, haz el trabajo de un evangelista, cumple tu ministerio» (2 Timoteo 4:1-5).

Amanda, Kristen y Dallas

DÍA 1

LA INDIGNIDAD DEL PERDÓN

«Por lo cual te digo que sus pecados, que son muchos, han sido perdonados, porque amó mucho; pero a quien poco se le perdona, poco ama».

Lucas 7:47

La única respuesta apropiada al perdón es el amor desmesurado, un amor que puede disgustar a otros y poner nerviosos a todos. Esto se debe a que la verdadera liberación suele ir acompañada de cierto grado de incomodidad indigna. En otras palabras, las cosas pueden volverse extrañas, que es precisamente lo que Jesús agradece y celebra.

Mientras cenaba en casa de Simón el fariseo, una mujer

conocida en el pueblo como «pecadora» irrumpió en la fiesta. Abrumada por la emoción, fue directamente donde estaba Jesús y procedió a lavarle los pies con sus lágrimas, se los secó con sus cabellos, los besó y ungió con un perfume costoso. Su misión era expresar lo inefable, demostrar con acciones la profundidad de su gratitud y su amor desmesurado.

Y eso pareció extraño.

Como era de esperar, Simón no encontró nada atractivo en la situación. Estaba horrorizado por su comportamiento y desconfiaba de la respuesta de Jesús. ¿Cómo podía un profeta de Dios permitir que una mujer tan pecadora lo tocara siquiera, y mucho menos que siguiera así? Toda la escena era incomprensible.

Consciente del escepticismo de Simón, Jesús aprovechó la oportunidad para compartir una parábola sobre el perdón. No sobre la tolerancia. No sobre la gracia. El perdón. Usó la analogía de un prestamista que perdonó las deudas de dos deudores: uno que debía una cantidad considerable y otro que debía mucho menos. Jesús le preguntó a Simón qué deudor amaría más al prestamista. Simón respondió que sería aquel a quien se le hubiera perdonado la mayor deuda. Jesús le dijo que tenía razón y concluyó la conversación con: «Por lo cual te digo que sus pecados, que son muchos, han sido perdonados, porque amó mucho; pero a quien poco se le perdona, poco ama» (Lucas 7:47).

Para ello, su indigna torpeza no podría haber sido más apropiada. El amor, la humildad y el servicio que ella demostró reflejaban la gratitud que emanaba de su corazón que había sido perdonado y purificado, y que resultó ser la misma lección que Jesús comunicó al lavar los pies de los discípulos.

«Jesús, sabiendo que el Padre había puesto todas las cosas en Sus manos, y que de Dios había salido y a Dios volvía, se levantó de la cena y se quitó el manto, y tomando una toalla, se la ciñó. Luego echó agua en una vasija, y comenzó a lavar los pies de los discípulos y a secárselos con la toalla que tenía ceñida» (Juan 13:3-5).

No es de extrañar que Simón Pedro no encontrara nada atractivo en la situación. Estaba confundido por el comportamiento de Jesús y no sabía cómo responder. ¿Cómo podía el perfecto Hijo de Dios siquiera tocar sus pies, y mucho menos seguir como lo hizo? Toda la escena era incomprensible.

Jesús le respondió: «Si no te lavo, no tienes parte conmigo» (Juan 13:8). Es decir, todo el intercambio se centraba en el amor, la humildad y el servicio. Jesús estaba dando un ejemplo que solo seguirían aquellos con un corazón limpio, profundamente agradecidos por su generoso perdón.

Y es la única respuesta apropiada, algo que puede disgustar a otros y poner nerviosos a todos. O simplemente puede cambiar corazones. Esto se debe a que la indigna incomodidad de la verdadera liberación dirige a otros hacia el verdadero Libertador, cuya misión de expresar lo inexpresable se demostró a través de sus acciones en la cruz, la escena más incomprensible de todas. Gracias a su perdón, todo pecador puede colarse en la fiesta y mostrar su gratitud sirviendo con sacrificio a los demás... *amando mucho.*

Y sí, las cosas pueden ponerse raras.

Simplemente acéptelo y celebre con Jesús.

ENFOQUE DE ORACIÓN

Alabe a Dios por hacer posible la verdadera liberación. Dele gracias por su inmenso perdón y amor. Pídale que le revele aquellas áreas de su vida en las que actualmente ama poco y que limpie su corazón de nuevo.

DE AHORA EN ADELANTE

- Tómese un momento para reflexionar sobre la escena más incomprensible de todas: la cruz. ¿Qué acciones podría realizar esta semana en respuesta al perdón y al amor de Jesús?

- Al expresar su gratitud, ¿está dispuesto a que lo consideren indigno, incómodo o raro, o le preocupa más cómo lo perciban los demás?

- ¿Su amor por los demás se considera extravagante? ¿Por qué sí o por qué no?

DÍA 2

CÓMO ESCUCHA

«Nadie enciende una lámpara y la cubre con una vasija, o la pone debajo de una cama, sino que la pone sobre un candelero para que los que entren vean la luz. Pues no hay nada oculto que no haya de ser manifiesto, ni secreto que no haya de ser conocido y salga a la luz. Por tanto, tengan cuidado de cómo oyen; porque al que tiene, más le será dado; y al que no tiene, aun lo que cree que tiene se le quitará».

LUCAS 8:16-18

Podemos ver la luz sin oír la verdad. Muchas personas vieron la Luz del Mundo caminando, hablando y haciendo milagros, pero no recibieron las palabras que podrían haber transformado sus corazones y salvado sus almas.

Escucharon lo que Jesús tenía que decir, pero no les importó cómo oían.

No prepararon su entendimiento.

La administración no suele entenderse en esos términos. Pero ¿qué otra cosa podría exigir mayor protección y supervisión? Ponemos nuestra fe en lo que entendemos, y si esas no son las enseñanzas de Cristo, entonces lo único que saldrá a la luz será la oscuridad continua.

«Así que la fe viene del oír, y el oír, por la palabra de Cristo» (Romanos 10:17).

La exhortación a encender una lámpara y escuchar atentamente se dio después de que Jesús contara la parábola del sembrador, donde un agricultor salió a sembrar en diferentes tipos de terreno (Lucas 8:4-15). Los discípulos no entendían de qué hablaba Jesús, así que le pidieron que se lo explicara. Antes de desglosar la parábola, les dijo: «A ustedes se les ha concedido conocer los misterios del reino de Dios, pero a los demás les hablo en parábolas, para que viendo, no vean; y oyendo, no entiendan» (v. 10).

Jesús estaba citando Isaías 6:9-10, donde el profeta fue comisionado para hablar al pueblo de Israel, pero sus corazones estaban tan endurecidos que se negaron rotundamente a no escuchar nada de lo que decía. De igual manera, todas las parábolas de Jesús revelaban u ocultaban la verdad; todo dependía de la condición del corazón del oyente.

Respecto a la parábola del sembrador, Jesús explicó que la semilla representa la Palabra de Dios, y los diferentes tipos de tierra representan el corazón de los oyentes.

Quienes aceptan sus enseñanzas y desean comprender (la buena tierra) obtendrán sabiduría y crecerán, mientras que quienes se sienten disgustados, indiferentes, se desvían o simplemente tienen una comprensión superficial (las otras tres tierras) perderán cualquier ápice de comprensión que alguna vez creyeron tener.

Aún es posible ver la luz sin escuchar la verdad. Muchos hemos asistido a servicios religiosos sin recibir las palabras que podrían transformar nuestros corazones y salvar nuestras almas. Escuchamos lo que Jesús tenía que decir, pero no nos importó cómo lo oímos.

Afortunadamente, todo eso puede cambiar en el momento en que decidimos guardar nuestro entendimiento. Por supuesto, eso no significa que no nos confundamos periódicamente; incluso los discípulos tuvieron dificultades para comprender gran parte de lo que Jesús enseñaba al principio. Lo que sí significa es que tenemos un corazón sensible, el deseo de crecer y la disposición a pedir explicaciones. Como buena tierra, abrazamos las enseñanzas de Cristo, y cuanto mejor las entendemos, más sabiduría adquirimos y se nos revelan los secretos del reino de Dios.

ENFOQUE DE ORACIÓN

Alabe a Dios por las maneras intencionadas en que comunica la verdad a quienes desean comprenderla. Pídale que sensibilice continuamente su corazón, ayudándole a ser tierra fértil, abierta y receptiva a su Palabra. Ore por quienes se niegan a escuchar, para que tengan oídos para oír. Y dele gracias por ser un Dios amoroso que transforma los corazones y salva las almas.

DE AHORA EN ADELANTE

- ¿Cómo describiría su administración del entendimiento? ¿Busca explicaciones cuando no entiende algo o suele dejarlo en un nivel superficial?

- Sea honesto: ¿ha permitido que las palabras de Jesús transformen su corazón y salven su alma? Si es así, ¿cómo se le ha revelado? ¿En qué aspectos es diferente? Si no, escriba algunas de las preguntas que le gustaría que se explicaran.

- ¿En qué áreas de su fe desea crecer más?

DÍA 3

POR ENCIMA DE TODO

Grandes multitudes acompañaban a Jesús; y Él, volviéndose, les dijo: «Si alguien viene a Mí, y no aborrece a su padre y madre, a su mujer e hijos, a sus hermanos y hermanas, y aun hasta su propia vida, no puede ser Mi discípulo. El que no carga su cruz y me sigue, no puede ser Mi discípulo».

LUCAS 14:25-27

Qué cosa tan terrible y poco agradable por parte de Jesús. Sin duda, Él, quien mostró gran amor a su propia madre, incluso al morir en la cruz, no pretendía que odiáramos a nuestros familiares (Juan 19:26-27). Seguramente, Él, según todos los demás versículos de la Biblia sobre amar y honrar a quienes nos rodean, simplemente se equivocó (Éxodo 20:12; Mateo 27:37-39; Filipenses 2:3-4). Lo que significa que, sin duda, podría haber encontrado una mejor manera de comunicar lo que realmente intentaba decir: que debemos amar a Dios *por encima* de todo lo demás, que debemos elegirlo y seguirlo solo a Él, que no debemos anteponer nada ni a nadie a Él, ni siquiera, nuestros seres queridos.

Está bien. Dios quiere ser primero.

Pero ¿por qué tuvo que decirlo de *esa* manera?

Siendo honestos, a menudo pensamos que Dios podría decir y hacer las cosas mejor, lo que a veces nos lleva a evitar versículos difíciles (como el de hoy) y a citar los más agradables. Versículos como:

«Porque de tal manera amó Dios al mundo, que dio a Su Hijo unigénito, **para que todo aquel que cree en Él**, no se pierda, sino que tenga vida eterna. Porque Dios no envió a Su Hijo al mundo para juzgar al mundo, sino para que el mundo sea salvo por Él» (Juan 3:16 -17).

«**Vengan a Mí, todos los que están cansados y cargados**, y Yo los haré descansar. Tomen Mi yugo sobre ustedes y aprendan de Mí, que Yo soy manso y humilde de corazón, y hallarán descanso para sus almas» (Mateo 11:28-29).

«Yo estoy a la puerta y llamo; **si alguien oye Mi voz y abre la puerta**, entraré a él, y cenaré con él y él conmigo» (Apocalipsis 3:20).

Sí, esas palabras nos hacen sentir bien. Nos gusta el lenguaje inclusivo y la gracia sobre gracia. Queremos ser bienvenidos y recibidos, porque claro que nos gusta. Anhelamos la compasión que Dios nos ofrece, junto con toda la ayuda que promete brindar a quienes creen.

Pero, a decir verdad, *no* nos gusta que se *nos* exijan cosas difíciles, como elegir a Jesús por encima de todo. No nos gusta que el autosacrificio sea nuestro. Ciertamente no nos gusta que nos excluyan o persigan por nuestra fe. Y nos disgusta muchísimo que Dios nos diga que elijamos un bando.

Sin embargo, necesitamos escucharlo con honestidad, e incluso con dureza. ¿Por qué? Primero, para que entendamos lo que realmente requiere seguir a Jesús: **su vida por la nuestra**. De hecho, nuestros corazones, mentes y decisiones deben entregarse a Aquel a quien seguimos. Y segundo, porque «engañoso es el corazón más que todas las cosas» (Jeremías 17:9). Es decir, Jesús explicó cómo podría ser realmente seguirlo cuando las personas que amamos no lo eligen también. Él sabe que nuestros corazones sentirán el peso y el dolor del rechazo como Él en la cruz, y quiere que estemos preparados para ello.

De hecho, Jesús quiere que calculemos el costo de seguirlo. Porque si bien la salvación es un regalo gratuito de gracia y amor de Dios para todos los que creen, **debemos creerle**, a pesar de lo que piensen, digan o hagan quienes nos rodean. Nuestra lealtad a Jesús debe ser mayor que nuestra lealtad a ellos. Nuestro amor y compromiso con Él deben superar cualquier otra pasión si realmente queremos mantener el rumbo y seguirlo. Él debe estar por encima de todo.

ENFOQUE DE ORACIÓN

Alabe a Jesús por considerar el costo de darnos la salvación y por seguir eligiendo su sacrificio en la cruz. Agradézcale por ser un líder bueno y fiel, y por prometer cuidar su corazón hasta el cielo. Pídale sabiduría para saber amar bien a los demás, pero también para amarlo a Él. Ore para que sus seres queridos un día también conozcan y sigan a Jesús.

DE AHORA EN ADELANTE

- ¿Quién o qué en su vida le dificulta mantener el rumbo y seguir a Jesús?

- ¿Qué le ha costado seguir a Jesús?

- Lea Mateo 16:21-25. ¿Qué le costó a Jesús amarlo?

DÍA 4

CALCULE EL COSTO

«Porque, ¿quién de ustedes, deseando edificar una torre, no se sienta primero y calcula el costo, para ver si tiene lo suficiente para terminarla? No sea que cuando haya echado los cimientos y no pueda terminar, todos los que lo vean comiencen a burlarse de él, diciendo: "Este hombre comenzó a edificar y no pudo terminar"».

Lucas 14:28-30

Jesús nunca minimizó la importancia de ser su discípulo. Declaró explícitamente que seguirlo requiere una devoción incondicional, abandonar los deseos mundanos y estar preparado para soportar la persecución y el sufrimiento. Es un compromiso importante que requiere una evaluación seria.

Esto también nos lleva a preguntarnos: ¿Cómo se determina eso de antemano?

Como todos nosotros, el «padre de la fe», Abraham, tuvo que tomar esa decisión. Antes de dejar su tierra natal y su familia de origen para cruzar el desierto en busca de la tierra prometida que Dios le había encomendado, Abraham calculó el costo de su proverbial torre. Irónicamente, la construyó toda mientras vivía en una tienda nómada.

«Por la fe [Abraham] habitó como extranjero en la tierra de la promesa como en tierra extraña, viviendo en tiendas como Isaac y Jacob, coherederos de la misma promesa, porque esperaba la ciudad que tiene cimientos, cuyo arquitecto y constructor es Dios» (Hebreos 11:9-10).

¿Cómo lo hizo? Aun con poca información, Abraham comenzó su construcción sin temor, porque confiaba en el Arquitecto de su vida. El fundamento seguro de Abraham era Dios, y su tarea era obedecerle día a día, paso a paso, lo cual hizo (en su mayoría); de ahí el apodo de «padre de la fe». Y esa ciudad eterna, la diseñada y construida por Dios, fue la realización definitiva del plan y la promesa de Dios, que se extendieron no solo a los descendientes directos de Abraham, Jacob e Isaac, sino también a todos y cada uno de nosotros que creemos.

Avanzamos rápidamente hasta el Nuevo Testamento, donde encontramos a Pablo refiriéndose a sí mismo como un «perito arquitecto» al explicar su papel en la construcción de la iglesia de Corinto (1 Corintios 3:10). Puedes jactarte así cuando conoces el fundamento personalmente.

Pablo insta a sus lectores, tanto de entonces como de ahora, a seguir edificando sobre el sólido fundamento de Jesucristo, asegurándose de que sus esfuerzos estén en consonancia con sus enseñanzas y el plan de Dios. Porque si no lo hacen, la torre quedará incompleta, inestable y basada en un plano falso y sin promesas.

Esto se debe a que una torre es tan sólida como su cimiento. Y si el fundamento de nuestras vidas no es Jesús, entonces considérelo demasiado costoso. «O, ¿de qué le sirve a un hombre ganar el mundo entero y perder su alma?» (Marcos 8:36).

Jesús nunca minimizó la gravedad de negarse a ser su discípulo. Dedicarse con todo el corazón a construir «torres mundanas» finalmente resulta en sufrir ira. Es una consecuencia grave que nos lleva a preguntarnos: ¿Por qué no confiaría en el Arquitecto de mi vida? Al igual que Abraham y Pablo, todos debemos calcular el costo y tomar la decisión.

¿Cómo lo hacemos?

Incluso con poca información, le obedecemos sin temor, día a día, paso a paso. Si Jesús es nuestro fundamento seguro, no hay duda de que terminaremos. «Estoy convencido de esto: el que comenzó tan buena obra en ustedes la irá perfeccionando hasta el día de Cristo Jesús» (Filipenses 1:6 NVI), lo que significa que nosotros también anhelamos la realización definitiva del plan y la promesa de Dios: la ciudad eterna que tiene cimientos cuyo arquitecto y constructor es Dios.

ENFOQUE DE ORACIÓN

Alabe a Dios porque Él es el arquitecto de su vida. Pídale que le muestre aquellas áreas de su vida que ha estado reprimiendo y no las ha rendido completamente a Él. Ore por la fuerza y el coraje para enfrentar los desafíos que se presentan al seguirlo. Dele gracias por estar con usted en cada paso del camino.

DE AHORA EN ADELANTE

- Ser discípulo de Jesús es un compromiso importante que requiere una evaluación seria. ¿Ha determinado si su devoción es incondicional? Explique.

- Enumere algunas de las posibles consecuencias o desafíos que ha enfrentado al construir su torre proverbial. ¿Cómo le ha ayudado Dios a perseverar?

- ¿Cómo puede cultivar una mentalidad de fidelidad y perseverancia? Considere memorizar Filipenses 1:6.

DÍA 5

PERDIDO Y ENCONTRADO PARTE 1

«Muchos recaudadores de impuestos y pecadores se acercaban a Jesús para oírlo, de modo que los fariseos y los maestros de la Ley se pusieron a murmurar: "Este hombre recibe a los pecadores y come con ellos". Él entonces contó esta parábola: "Supongamos que uno de ustedes tiene cien ovejas y pierde una de ellas. ¿No deja las noventa y nueve en el campo y va en busca de la oveja perdida hasta encontrarla? Y cuando la encuentra, lleno de alegría, la carga en los hombros y vuelve a la casa. Al llegar, reúne a sus amigos y vecinos y les dice: "Alégrense conmigo; ya encontré la oveja que se me había

perdido". Les digo que así es también en el cielo: habrá más alegría por un solo pecador que se arrepienta que por noventa y nueve justos que no necesitan arrepentirse».

LUCAS 15:1-7 NVI

A lo largo de la historia, y para nuestra gran vergüenza, los cristianos a menudo han mantenido una actitud santurrona hacia quienes aún no conocen a Jesús. Además, hacia quienes son nuevos en la fe y aún están aprendiendo a seguirla. Hasta quienes luchan con la duda. También, hacia quienes tienen una teología diferente o errónea. Y más hacia quienes recaen en el pecado. Y hacia quienes… y hacia quienes…

La lista podría continuar porque, al igual que los fariseos, a veces luchamos contra el juicio y la dureza de corazón, y a menudo hacia quienes más necesitan a Jesús, pues es muy fácil olvidar de dónde venimos. Es fácil olvidar que nosotros también estuvimos perdidos y necesitábamos ser rescatados. Es fácil sacar conclusiones teológicas erróneas y que nuestra comprensión de las Escrituras cambie con el tiempo. Es fácil subestimar nuestra lucha constante con el pecado. Es fácil vernos como «buenos» cuando nos comparamos con los demás.

Es fácil olvidar que lo único bueno en nosotros proviene de Jesús.

«No hay justo, ni aun uno; no hay quien entienda, no hay quien busque a Dios. Todos se han desviado, a una se hicieron inútiles; no hay quien haga lo bueno, no hay ni siquiera uno» (Romanos 3:10-12).

«Porque no hay distinción, por cuanto todos pecaron y no alcanzan la gloria de Dios. Todos son justificados gratuitamente por Su gracia por medio de la redención que es en Cristo Jesús, a quien Dios exhibió públicamente como propiciación por Su sangre a través de la fe» (Romanos 3:22-25).

«Porque yo sé que en mí, es decir, en mi carne, no habita nada bueno. Porque el querer está presente en mí, pero el hacer el bien, no. Pues no hago el bien que deseo, sino el mal que no quiero, eso practico… ¡Miserable de mí! ¿Quién me libertará de este cuerpo de muerte? Gracias a Dios, por Jesucristo Señor nuestro» (Romanos 7:18-20, 24-25)

Esta es la verdad imperecedera: necesitamos a Jesús el primer día de la salvación y todos los días siguientes, lo que significa que no tenemos excusa para juzgar a los demás con dureza. Más aún, nuestro Salvador y líder ve a las personas perdidas como ovejas perdidas. Jesús es manso con quienes necesitan salvación. Es bondadoso. Ama a las personas, a todas las personas, y *las busca*, como un pastor busca a la oveja perdida. Entonces, cuando encuentra a una, dice: «Alégrense conmigo, porque he encontrado mi oveja que se había perdido».

Ese es su corazón hacia los perdidos. Ese es su corazón.

ENFOQUE DE ORACIÓN

Alabe a Jesús por rescatarte. Dele gracias por ofrecerle continuamente la gracia y ayuda cuando le cuesta entender o incluso pecar. Pídale que su corazón sea más como el suyo; específicamente, que sea sensible con los perdidos y que la bondad que ha recibido del Salvador se derrame sobre quienes le rodean.

DE AHORA EN ADELANTE

- ¿A quién juzga por verse, hablar o actuar de maneras que usted no aprueba?

- Los fariseos pensaban que era mejor no relacionarse con personas cuestionables. ¿Cómo suele responder a quienes están espiritualmente perdidos o son inmaduros?

- ¿Se alegra con Jesús cuando encuentra ovejas perdidas? ¿Por qué sí o por qué no?

DÍA 6

PERDIDO Y ENCONTRADO PARTE 2

«Muchos recaudadores de impuestos y pecadores se acercaban a Jesús para oírlo, de modo que los fariseos y los maestros de la Ley se pusieron a murmurar: "Este hombre recibe a los pecadores y come con ellos". Él entonces contó esta parábola:... "supongamos que una mujer tiene diez monedas de plata y pierde una. ¿No enciende una lámpara, barre la casa y busca con cuidado hasta encontrarla? Y cuando la encuentra, reúne a sus amigas y vecinas y les dice: "Alégrense conmigo; ya encontré la moneda que se me había perdido". Les digo que así mismo se alegran los ángeles de Dios por un pecador que se arrepiente.»

LUCAS 15:1-3; 8-10 NVI

A veces, en épocas de sufrimiento, pérdida o extravío, nos preguntamos dónde está Dios. Es fácil creer que somos invisibles para el Dios invisible: que Él pasa por alto, descuida e incluso olvida a las personas que dice amar. Sin embargo, Jesús describió a Dios como un buscador diligente, centrado e incansable.

Y cuando Él encuentra lo que *busca*, se alegra y se regocija.

¡Que no se le olvide!

En su reprimenda a los fariseos, Jesús reveló que Dios está obrando a nuestro favor. Que Él está iluminando, buscando corazones y adentrándose en la oscuridad. Como dice el salmo del Antiguo Testamento: «¿Adónde me iré de Tu Espíritu, o adónde huiré de Tu presencia? Si subo a los cielos, allí estás Tú; si en el Seol preparo mi lecho, allí Tú estás. Si tomo las alas del alba, y si habito en lo más remoto del mar, aun allí me guiará Tu mano, y me tomará Tu diestra. Si digo: "Ciertamente las tinieblas me envolverán, y la luz a mi alrededor será noche"; ni aun las tinieblas son oscuras para Ti, y la noche brilla como el día. Las tinieblas y la luz son iguales para Ti» (Salmos 139:7-12).

Claramente, Dios no es pasivo. No espera que nos

ayudemos a nosotros mismos; Él viene tras nosotros porque es el autor *y* consumador de nuestra fe (Hebreos 12:1-3). Él está en la oscuridad, pero la oscuridad no es oscura para Él (Salmos 23:3; 139:12). Y aunque a veces permite cosas difíciles —circunstancias que promete usar para nuestro bien y su gloria (Romanos 8:28-30)—, nada puede impedir que nos encuentre y nos guarde (Juan 10:27-30). Porque el Dios de nuestra salvación va delante, detrás y a nuestro lado (Salmos 139:5). Él **nos conoce** íntimamente (Salmos 139:13-16; Mateo 10:29-31), **nos busca** (Isaías 65:1; Lucas 19:10) y **nos protege** todos los días de nuestra vida (Salmos 121:7-8; Juan 3:16-18).

¿Por qué? Porque se **deleita en nosotros** (Salmos 18:19; Sofonías 3:17), ordenando incluso a sus huestes celestiales que celebren *con Él* por los pecadores que se arrepienten.

Ese es su corazón hacia quienes se arrepienten. *Ese es su corazón.*

ENFOQUE DE ORACIÓN

Alabe a Dios por buscarlo, encontrarlo y guardarlo. Dele gracias por su amor y perdón inquebrantables. Ore por la capacidad de ver todas las maneras en que Dios lo ha guardado a lo largo de su vida, y por la determinación y la perseverancia para corresponder a su llamado.

DE AHORA EN ADELANTE

Busque los versículos de la lectura de hoy y medite en ellos mientras responde a las siguientes preguntas:

- ¿De qué maneras Dios lo busca?
- ¿De qué maneras Dios lo rescató?
- ¿De qué maneras Dios lo guarda?

DÍA 7

PERDIDO Y ENCONTRADO PARTE 3

«Un hombre tenía dos hijos —continuó Jesús—. El menor de ellos dijo a su padre: "Papá, dame lo que me toca de la herencia". Así que el padre repartió sus bienes entre los dos. Poco después el hijo menor juntó todo lo que tenía y se fue a un país lejano; allí vivió desenfrenadamente y derrochó su herencia. Cuando ya lo había gastado todo, sobrevino una gran escasez en la región y él comenzó a pasar necesidad. Así que fue y consiguió empleo con un ciudadano de aquel país, quien lo mandó a sus campos a cuidar cerdos. Tanta hambre tenía que hubiera querido llenarse el estómago con la comida que daban a los cerdos, pero aun así nadie le daba nada. Por fin recapacitó y se dijo: "¡Cuántos jornaleros de mi padre tienen comida de sobra y yo aquí me muero de hambre! Me levantaré e iré a mi padre y le diré: Papá, he pecado contra el cielo y contra ti. Ya no merezco que se me llame tu hijo; trátame como si fuera uno de tus jornaleros". Así que emprendió el viaje y se fue a su padre. Todavía estaba lejos cuando su padre lo vio y se compadeció de él; salió corriendo a su encuentro, lo abrazó y lo besó. El joven le dijo: "Papá, he pecado contra el cielo y contra ti. Ya no merezco que se me llame tu hijo". Pero el padre ordenó a sus siervos: "¡Pronto! Traigan la mejor ropa para vestirlo. Pónganle también un anillo en el dedo y sandalias en los pies. Traigan el ternero más gordo y mátenlo para celebrar un banquete. Porque este hijo mío estaba muerto, pero ahora ha vuelto a la vida; se había perdido, pero ha sido hallado". Así que empezaron a hacer fiesta».

LUCAS 15:11-24 NVI

Mientras el hijo pródigo aún estaba lejos, el padre lo vio. (Porque lo estaba esperando).

Sintió compasión por él.

Corrió hacia él.

Se regocijó por su regreso.

Ese es el corazón de Dios para con sus hijos, incluso cuando cometemos errores. *Ese es su corazón.*

ENFOQUE DE ORACIÓN

Medite en quién es Dios y cuánto lo ama: Él es el Pastor que lo busca, el que lo busca diligentemente, el que lo recibe con gran misericordia. Agradézcale por cómo lo ha buscado y perdonado. Ore por aquellos en su vida que puedan estar: 1) perdidos, 2) aprendiendo de las experiencias, 3) arrepentidos, o 4) de regreso. Pídale a Dios que le muestre cómo ser más como Él hacia los demás.

DE AHORA EN ADELANTE

- ¿Quién en su vida se encuentra actualmente en un país lejano (v. 13)?

- El hijo pródigo no merecía la bienvenida ni el perdón que recibió de su padre a su regreso. ¿Suele sentir compasión por quienes están perdidos o pasando dificultades? ¿O guarda rencor o busca justicia?

- ¿Cómo describe Salmos 145:8-9 a Dios?

DÍA 8

LA RELIGIOSIDAD PARTE 1

"¡Hipócritas! Tenía razón Isaías cuando profetizó de ustedes: "Este pueblo me honra con los labios, pero su corazón está lejos de mí. En vano me adoran; sus enseñanzas no son más que reglas humanas"».

MATEO 15:7-9 NVI

Como hemos mencionado, Jesús no era una persona «buena gente», si se puede decir así. Claro que *era* buena persona, pero no era precisamente por su amabilidad que se conocía.

Entonces, ¿por qué era conocido?

Originalmente, por su crianza. Específicamente, por

ser pobre (2 Corintios 8:9), físicamente común y corriente (Isaías 53:2) y de origen humilde (Juan 1:46), lo que significaba que nadie lo consideraba una amenaza. En realidad, nadie lo consideraba en absoluto.

Pero una vez que comenzó su ministerio, eso cambió radicalmente, porque las palabras de Jesús resultaron impactantes y ofensivas para los líderes religiosos de su época (Marcos 2:3-7; Juan 10:22-33). El humilde carpintero de Nazaret cuestionó su comprensión de la ley y su forma de practicarla (Mateo 12:1-14; Lucas 11:37-44). Reunió seguidores que lo llamaban *Rabí* y les dijo que *no* fueran como los fariseos, quienes, hasta ese momento, eran considerados los máximos ejemplos de piedad y pureza (Mateo 16:1-12; 23:1-28). Se negó a acatar las reglas humanas y los rituales egocéntricos (Mateo 9:10-17; Marcos 3:1-6; Lucas 11:38-42), y comparó a los gobernantes con sus antepasados *in*crédulos (Mateo 23:29-36); lo que significó que, la mayoría de ellos, finalmente consideraron a Jesús una amenaza para todo lo que apreciaban.

Entonces, ¿qué ellos apreciaban?

Bueno, para empezar, su religión, junto con toda la familiaridad, seguridad y el sentido de «soy una buena persona» que la acompañaba. No querían oír que sus corazones estaban lejos de Dios. No querían que les dijeran que tenían un problema de pecado, ni que habían estado abusando de la ley de Dios para sus propios fines. En cambio, querían practicar su versión selecta de justicia y verdad porque preferían su camino al de Dios.

Entonces, ¿cuál era su camino?

En realidad, era muy similar al nuestro, porque aunque la cultura moderna se ha alejado de los valores tradicionales de la iglesia (incluyendo la asistencia regular a la iglesia los domingos, ¡qué vergüenza!), en general, seguimos actuando como fariseos. Decidimos lo importante basándonos en nuestras propias experiencias, circunstancias y razonamientos, en lugar del consejo de la Palabra de Dios. Somos celosos de nuestras prioridades personales y juzgamos a quienes no están de acuerdo. Basamos nuestras pasiones en el momento que vivimos y en todo el instinto de supervivencia que creemos que requiere, en lugar de basarnos en lo que Dios ha declarado su verdad. Centramos nuestras creencias en nosotros mismos: *nuestros* pensamientos, *nuestros* sentimientos, *nuestros* deseos.

En general, preferimos un Jesús buena gente que nos afirme y nunca nos amoneste, porque queremos creer que somos buenos mientras nuestros corazones están lejos de Él. Preferimos la práctica de la religión a la cercanía, a veces incómoda, de una verdadera relación con el Señor, junto con todo el arrepentimiento, la humildad y la sumisión que esta pueda requerir. Esto significa que preferimos hacer ajustes superficiales y externos en lugar de experimentar la obra profunda, a menudo, de extirpación, que el Espíritu Santo hace en nuestro ser más profundo.

Hablaremos más sobre esto mañana.

ENFOQUE DE ORACIÓN

Agradézcale a Dios por sus bondades y sus amonestaciones. Confiese cómo podría estar honrándolo con sus labios mientras su corazón está lejos de Él. Pida una fe renovada para creer solo en su Palabra y hacer suyas sus prioridades.

DE AHORA EN ADELANTE

- Lea Mateo 15:1-11. Los fariseos estaban más preocupados por sus prácticas religiosas que por el pecado que aún persistía. ¿Qué suele ser más importante para usted que su propio pecado y la distancia que este crea entre usted y Dios?

- ¿Qué cree que quiso decir Jesús cuando dijo: «Lo que contamina a una persona no es lo que entra en la boca, sino lo que sale de ella» (v. 11)?

- ¿Es capaz de adorar verdaderamente a Dios ahora mismo o hay algún pecado sin confesar en su vida que deba ser tratado primero?

DÍA 9

LA RELIGIOSIDAD PARTE 2

«Entonces se le acercaron los discípulos y dijeron: —¿Sabes que los fariseos se escandalizaron al oír eso? —Toda planta que mi Padre celestial no haya plantado será arrancada de raíz —respondió—. Déjenlos; son guías ciegos. Y si un ciego guía a otro ciego, ambos caerán en un hoyo».

MATEO 15:12-15 NVI

Los discípulos estaban preocupados por su reputación ante los fariseos. Después de todo, los líderes espirituales del antiguo Israel no solo estaban a cargo de las sinagogas; influían en todos los ámbitos de la sociedad, ya que el sistema religioso judío determinaba las leyes del país a nivel político, cultural y social. De hecho, los fariseos funcionaban más como un organismo de gobierno que como una iglesia local, incluso dictando y ejecutando juicios por lo que consideraban un comportamiento incorrecto u ofensivo.

Eran reverenciados. Obedecidos. A veces, incluso, temidos. Eran muy «importantes». Sin embargo, Jesús les dijo a sus seguidores: «Déjenlos; son guías ciegos. Y si un ciego guía a otro ciego, ambos caerán en un hoyo» (v. 14).

¿Cómo era posible? ¿Cómo era posible que aquellos a quienes la sociedad había elevado a posiciones de influencia y poder fueran los mismos a quienes Jesús destituyó… y luego condenó (v. 4)? La respuesta es que ser religioso —o admirado, famoso, entusiasta de ideas, o simplemente locuaz— no lo hace correcto. Tampoco significa automáticamente que seas sabio, bueno o que estés a salvo del juicio de Dios.

Pero retrocedamos un poco, porque si bien no existen fariseos literales en nuestra cultura moderna, sí *hay* quienes nosotros exaltamos, veneramos, tememos y respetamos. De hecho, los humanos nos hemos esforzado por la aprobación mutua desde el principio de los tiempos. Anhelamos caer bien. Nos esforzamos por evitar ofender. Intentamos encajar y dar la cara con la esperanza de escapar de la ira de quienes imponen las «reglas humanas».

Aunque muchas prácticas religiosas tradicionales han seguido el camino de los fariseos (es decir, se han extinguido), simplemente las hemos reemplazado por dogmas más nuevos: palabras correctas que decir, posturas populares que mantener, presión pública que cumplir y vergüenza comunitaria cuando nos atrevemos a actuar según las Escrituras. Pero Dios no comparte nuestras expectativas, que cambian constantemente, lo que convierte a quienes buscan imponerlas en «guías ciegos»: líderes imperfectos, designados por humanos y, por lo tanto, temporales, incapaces de rescatarse a sí mismos de los pensamientos erróneos, y mucho menos de los demás. Si los seguimos a ellos en lugar de seguir a Jesús, caeremos en el mismo pozo de destrucción al que se dirigen.

¡Ojalá prestáramos atención a su advertencia sobre seguir las voces equivocadas!

¡Ojalá aceptáramos las palabras de Cristo como sabias, correctas, buenas y verdaderas, y dejáramos de preocuparnos por nuestra reputación ante los demás!

La cuestión es que la verdad puede ser ofensiva, especialmente cuando contradice las ideas del momento. Los discípulos no querían molestar a los fariseos del antiguo Israel, y quizás incluso deseaban que Jesús suavizara su mensaje y lo integrara un poco más. Pero la verdad no se adapta a los tiempos; es atemporal. La verdad no cambia por el bien del oyente; busca cambiarlo. Y la verdad no espera ser querida; ya es amada por quienes han sido plantados por el Padre.

Y por sus frutos los conocerán.

ENFOQUE DE ORACIÓN

Agradezca a Dios por la Biblia, por revelar en sus páginas lo que realmente es correcto, bueno e importante para Él. Ore por una mejor comprensión de las Escrituras y sabiduría para discernir la verdad. Pídale a Dios que sus prioridades sean las suyas y que le conceda la valentía y la determinación de seguir solo a Jesús.

DE AHORA EN ADELANTE

- ¿A quiénes, en nuestra cultura moderna, solemos exaltar y escuchar colectivamente? En otras palabras, enumera algunos guías ciegos.

- ¿A quién recurre en busca de aprobación o guía?

- ¿De qué maneras necesita empezar a escuchar más a Jesús y menos a las voces de los guías ciegos?

DÍA 10

LA RELIGIOSIDAD PARTE 3

«—Explícanos la comparación —pidió Pedro. —¿Tampoco ustedes pueden todavía entenderlo? —dijo Jesús—. ¿No se dan cuenta de que todo lo que entra en la boca va al estómago y después se echa en la letrina? Pero lo que sale de la boca viene del corazón y contamina a la persona. Porque del corazón salen los malos pensamientos, los homicidios, los adulterios, la inmoralidad sexual, los robos, los falsos testimonios y las calumnias. Estas son las cosas que contaminan a la persona y no el comer sin lavarse las manos».

MATEO 15:15-20 NVI

Según Jesús, lo que está dentro de nuestro corazón se puede pesar y medir por lo que dice nuestra boca. Sin embargo, los cristianos tendemos a evaluarnos unos a otros juzgando las apariencias. Sacamos conclusiones basándonos en cómo se ven las personas, de qué parte del mundo provienen, a qué partido político pertenecen y a qué denominación pertenecen. Basta con leer los comentarios en las redes sociales de *The Chosen* y verá muchas maneras en que quienes dicen seguir a Jesús se critican y juzgan mutuamente.

Pero cuando nos centramos en lo externo en lugar de enfocarnos en nuestro propio corazón, perdemos de vista lo esencial: Jesús no vino a defender nuestras tradiciones, preferencias u opiniones. Vino a defender las suyas y a redimir nuestros corazones, que de otro modo serían pecadores.

«Ustedes han oído que se dijo a los antepasados: "No matarás" y: "Cualquiera que cometa homicidio será culpable ante la corte". Pero Yo les digo que todo aquel que esté enojado con su hermano será culpable ante la corte; y cualquiera que diga: "Insensato" a su hermano, será culpable ante la corte suprema; y cualquiera que diga: "Idiota", será merecedor del infierno de fuego» (Mateo 5:21-22).

«Ustedes han oído que se dijo: "No cometerás adulterio". Pero Yo les digo que todo el que mire a una mujer para codiciarla ya cometió adulterio con ella en su corazón» (vv. 27-28).

«Ustedes han oído que se dijo: "Ojo por ojo y diente por diente". Pero Yo les digo: no resistan al que es malo; antes bien, a cualquiera que te abofetee en la mejilla derecha, vuélvele también la otra» (vv. 38-39).

«Ustedes han oído que se dijo: "Amarás a tu prójimo y odiarás a tu enemigo". Pero Yo les digo: amen a sus enemigos y oren por los que los persiguen, para que ustedes sean hijos de su Padre que está en los cielos; porque Él hace salir Su sol sobre malos y buenos, y llover sobre justos e injustos» (vv. 43-45).

Al igual que los fariseos, nos centramos en lo incorrecto. Nos juzgamos erróneamente a nosotros mismos y a los demás cuando exaltamos las obras y prácticas religiosas, ignorando el pecado que en realidad ofende al Señor. Nos consideramos «buenos», mientras que nuestras palabras dicen otra cosa.

Nos centramos en lo insignificante y no entendemos lo primordial.

Pero gracias a Dios porque en Jesús nuestros corazones son expuestos y amonestados, redimidos y enderezados. En Jesús, estamos plantados, y nuestras raíces espirituales tienen amplia oportunidad de crecer profundamente, más allá de las trivialidades superficiales y nuestra comprensión siempre cambiante de la moral. En Jesús, nos especializamos en las especialidades, porque Él ha revelado el corazón del Padre. En Jesús, nos liberamos de las reglas religiosas hechas por el hombre y abrazamos la relación que Dios ofrece a quienes confían en Él lo suficiente como para definir lo que sí importa.

ENFOQUE DE ORACIÓN

Alabe a Dios por ayudarle a comprender lo que es importante para Él. Ore para que sus pensamientos y prioridades reflejen mejor los del Padre. Confiese el pecado que realmente le ofende y pídale que su relación con Jesús crezca profunda y firmemente.

DE AHORA EN ADELANTE

- ¿De qué maneras suele priorizar lo que es secundario de lo importante?
- ¿De qué asunto profundo podría Dios estar trayéndole convicción en este momento?
- ¿Cómo debería la gracia que recibe regularmente del Señor cambiar su forma de juzgar y responder a los demás?

DÍA 11

DIOS, EL DINERO Y TODO LO DEMÁS

«"Ningún siervo puede servir a dos señores, porque o aborrecerá a uno y amará al otro, o se apegará a uno y despreciará al otro. No pueden servir a Dios y a las riquezas". Los fariseos, que eran amantes del dinero, oían todas estas cosas y se burlaban de Él. Y Jesús les dijo: "Ustedes son los que se justifican a sí mismos ante los hombres, pero Dios conoce sus corazones, porque lo que entre los hombres es de alta estima, abominable es delante de Dios"».

Lucas 16:13-15

Una vez más, a los fariseos no les gustó lo que decía Jesús. En este caso en particular, no querían que les dijeran que amar el dinero no dejaba lugar para amar a Dios. Y, por supuesto, eso aplica a todo lo que exaltamos e idolatramos, porque no es posible servir a dos señores. No es posible poner a Dios primero, seguirlo y adorarlo solo a Él, y también adorar cosas como el dinero, el estatus, el poder o las personas. En pocas palabras, si Dios va a ser tu prioridad número uno, nada más puede ocupar esa posición.

¡Claro!

Pero, aunque parezca obvio en el papel, la mayoría desearíamos que no fuera así, porque nos gustan mucho las cosas de este mundo. Preferimos las cosas que podemos ver y sentir (Romanos 1:20-25). Preferimos la gratificación inmediata a esperar pacientemente en Dios (Salmos 27:14; 130:5-6; Romanos 5:3-5). Preferimos la retroalimentación inmediata de quienes nos rodean en lugar de tener que «estar quietos y saber» (Salmos 46:1-3, 8-11). Preferimos que Dios nos ayude a lograr lo que queremos —ser el medio para nuestros fines— en lugar de renunciar a nuestros planes y confiar en Él para esperar el resultado que Él desea (Salmos 33:20-22; Proverbios 3:5-6).

Jesús dejó claro que seguirlo significa apartarnos de las cosas mundanas, lo cual era lo opuesto a lo que hacían los fariseos. Amaban el dinero e ignoraban su idolatría. Se aferraban al mundo mientras predicaban fidelidad a las Escrituras. Confiaban en sistemas creados por hombres (económicos, sociales, políticos, teológicos) en lugar de confiar en Aquel que lo gobierna todo.

Ponían excusas para seguir siendo infieles y caminar errantes. En este caso, fue el afán de riqueza lo que los mantuvo alejados de Dios, lo cual es trágico, ya que ninguna cantidad de dinero saciará jamás el alma humana. «El que ama el dinero no se saciará de dinero, y el que ama la abundancia no se saciará de ganancias. También esto es vanidad» (Eclesiastés 5:10).

Pero la verdad es que *cualquier cosa* que antepongamos a Dios tiene el mismo efecto vacío y sin salida en nuestros corazones, y, en resumen: si ama a Dios, deberá entregarse por completo a Él. Si Él es su Maestro, sus prioridades serán las suyas. Y si es un verdadero seguidor de Jesús, buscará ser más como Él, amando lo que Dios ama y despreciando lo que le impida agradarle.

ENFOQUE DE ORACIÓN

Alabe a Jesús por sus advertencias claras —y, por lo tanto, muy bondadosas—sobre los peligros de amar el dinero. Arrepiéntase de las cosas mundanas que antepone a Él y pida por fuerza y valentía para hacer suyas sus prioridades.

DE AHORA EN ADELANTE

- ¿En cuáles cosas mundanas se enfoca en servir a veces en lugar de servir a Dios?

- ¿De qué maneras esas cosas lo han hecho sentir feliz temporalmente? ¿De qué maneras estas lo han llevado a sentirse decepcionado y distanciado de Dios?

- Según Santiago 4:7-8, ¿qué pasos debe dar para restablecer a Dios como su único y verdadero Maestro?

DÍA 12

¿DE QUÉ SE BURLA?

«Oían todo esto los fariseos, a quienes les encantaba el dinero, y se burlaban de Jesús. Él les dijo: "Ustedes se justifican ante la gente, pero Dios conoce sus corazones. Dense cuenta de que aquello que la gente tiene en gran estima es detestable delante de Dios"».

LUCAS 16:14-15

Cualquier cosa que valoremos más que a Dios es un ídolo; eso es lo que lo hace detestable. Y justificar nuestro apego a él es lo que nos convierte en hipócritas. Para los fariseos, ese bien tan preciado era el dinero. Podían justificar su amor por él de seis maneras diferentes, porque su riqueza demostraba su piedad y virtud. Vincular la riqueza con el favor de Dios siempre ha sido una estrategia astuta para disimular la avaricia, y algunos fariseos eran expertos en ello.

Por ejemplo, su riqueza les permitía darse el lujo de dar limosnas de forma extravagante, convirtiéndolos en el ejemplo perfecto de generosidad. Sus considerables sacrificios financieros eran similares a los de patrocinadores corporativos sospechosos que necesitaban publicidad favorable. Dudoso, pero impresionante, no obstante. Justificar su explotación de los pobres también era fácil. No se trataba de una especulación nefasta cuando el dinero se destinaba a causas religiosas, como aumentar la riqueza de los fariseos para hacerlos más extravagantes, o ejemplos a seguir de primera clase.

¿Ven qué virtuosos?

Dios no. Él vio a través de sus astutas estrategias, directamente en sus corazones idólatras. Jesús dijo: «Ningún sirviente puede servir a dos señores, pues menospreciará a uno y amará al otro o querrá mucho a uno y despreciará al otro. Ustedes no pueden servir a la vez a Dios y a las riquezas» (Lucas 16:13 NVI). Una rápida reprimenda de Jesús, y la fealdad en los corazones de los fariseos se reflejó en sus rostros contorsionados. No es sorprendente ver sus expresiones burlonas, retorcidas por el desdén, porque cuando alguien ama algo más que a Dios, tiende a odiar lo que Él dice al respecto.

Los fariseos no eran los únicos que se burlaban de la verdad que exponía los ídolos. Cuando el apóstol Pablo visitó Atenas, comenzó a debatir con los filósofos locales, proclamando el evangelio y enseñando sobre Jesús y la resurrección. Hechos 17:32 expresa: «Cuando oyeron de la resurrección, unos se burlaron, pero otros dijeron: —Queremos que usted nos hable en otra ocasión sobre este tema» (NVI).

Para los atenienses, sus ídolos eran ídolos literales. Es decir, imágenes hechas de oro, plata o piedra por manos humanas (Hechos 17:29). Como se consideraban profundamente religiosos, justificaban el alto valor que otorgaban a sus diversas deidades. No intentaban estafar a la gente; simplemente ocultaban sus supersticiones mediante el politeísmo. Incluso, idolatraban a un dios que no conocían. Pablo dijo: «Porque mientras pasaba y observaba los objetos de su adoración, hallé también un altar con esta inscripción: "AL DIOS DESCONOCIDO". Pues lo que ustedes adoran sin conocer, eso les anuncio yo» (Hechos 17:23). Pablo procedió a proclamar el mensaje del evangelio y al único Dios que *podían* conocer personalmente.

Cuán misericordioso es Dios que conoce nuestros corazones y lo que valoramos. Él no permitirá que seamos tentados más allá de nuestras capacidades; nos proporciona una vía de escape (1 Corintios 10:13). Una manera de descubrir las áreas donde somos más vulnerables a la hipocresía es prestar atención a las verdades que exponen esos ídolos de los que nos burlamos. Ya sea el dinero, el perdón, la sexualidad, el género, las obras, la sumisión, etc., intentar justificar nuestro desdén solo conduce a estrategias astutas que disfrazan un corazón dañino, y eso es lo último que queremos dominar. En cambio, que podamos aceptar la rápida reprimenda de Jesús y la humildad de decir: «Queremos escucharte de nuevo sobre este tema».

ENFOQUE DE ORACIÓN

Alabe a Dios por su misericordia y su disposición a brindarle una vía de escape de los ídolos y la hipocresía. Pídale que exponga cualquier estrategia astuta que le impida mantenerlo en primer lugar en su vida. Dele gracias por ser el único Dios que puede conocer personalmente.

DE AHORA EN ADELANTE

- Esto debería ser obvio: ¿Qué verdades que exponen a los ídolos le resultan menospreciables? ¿Qué versículos o temas le han resultado más difíciles?

- ¿Qué aspectos necesita controlar más? Por ejemplo, ¿qué valora mucho?

- ¿Busca activamente comprender y aplicar la enseñanza de la Biblia al respecto? ¿Quiere escucharlo de nuevo sobre el tema? ¿O evita ciertos temas porque le afectan directamente?

DÍA 13

LOS ÍDOLOS

Y un hombre se acercó a Jesús y le dijo: «Maestro, ¿qué cosa buena haré para obtener la vida eterna?». Jesús le respondió: «¿Por qué me preguntas acerca de lo que es bueno? Solo Uno es bueno; pero si deseas entrar en la vida, guarda los mandamientos».

Mateo 19:16-17

Vayamos al grano… esta fue una pregunta muy mala.

«**¿Qué cosa buena haré para obtener la vida eterna?**» (v. 16).

Una breve pausa para la respuesta corta: para *alcanzar* la salvación, tendríamos que guardar todos los mandamientos a la perfección y sin falta, porque la única manera de tener una relación con el Dios santo (es decir, espiritualmente perfectos o puros, sin mancha de maldad o pecado, sin pecado, santos) es ser santos también. Lo que significa que todo ser humano en la historia del universo ya está excluido, ya que «todos pecaron y no alcanzan la gloria de Dios» (Romanos 3:23).

En otras palabras, es demasiado tarde para ser «bueno», amigo.

«Jesús le respondió: "¿Por qué me preguntas acerca de lo que es bueno? Solo Uno es bueno; pero si deseas entrar en la vida, guarda los mandamientos"» (Mateo 19:17).

Entonces, Jesús recitó algunos de los mandamientos, específicamente del quinto al décimo. Pero era una trampa, porque mientras el hombre se sentía muy bien con su historial en los mandamientos antes mencionados, Jesús estaba a punto de exponer lo que se interponía en su camino hacia la salvación: la idolatría tradicional.

«El joven dijo: "Todo esto lo he guardado; ¿qué me falta todavía?". Jesús le respondió: "Si quieres ser perfecto, ve y vende lo que posees y da a los pobres, y tendrás tesoro en los cielos; y ven, sé Mi discípulo"» (vv. 20-21).

Por supuesto, Jesús había estado enseñando a sus seguidores que *solo* Él es «el camino, la verdad y la vida» (Juan 14:6), y que nadie es suficientemente bueno, «ni aun uno» (Romanos 3:10). Entonces, ¿por qué dijo algo diferente esta vez?

En pocas palabras, sabía lo que a este hombre le impedía seguirlo.

«Pero al oír el joven estas palabras, se fue triste, porque era dueño de muchos bienes» (Mateo 19:22).

Tristemente, este hombre servía al dios del dinero; creía que el dinero era el mejor camino. Lo que significa que no había cumplido el mandamiento más importante de todos: «No tendrás otros dioses delante de Mí» (Éxodo 20:3).

Este es el punto. Hay cosas en nuestras vidas que nos impiden seguir a Jesús, y la idolatría adopta muchas formas. En este caso era el dinero, pero también podría ser la vanidad, otras personas, el éxito, la buena salud; tú eliges. Los ídolos pueden ser cualquier cosa que nosotros, como humanos pecadores, veneramos y exaltamos por encima de Dios.

Y Jesús ve las cosas que idolatramos, buscamos y seguimos en lugar de a Él, y nos permite elegirlas. Como el joven rico, incluso nos permitirá alejarnos. ¡Pero ojalá no lo hiciéramos! ¡Ojalá lo siguiéramos a Él! Oh, si eligiéramos las promesas del cielo sobre los placeres fugaces de la tierra.

Oh, si creyéramos que Jesús es el *único* camino.

ENFOQUE DE ORACIÓN

Reconozca que Dios es el único Dios verdadero. Pídale que le revele los ídolos que pueda haber en su corazón y póngase de acuerdo con Él, confesándolos y arrepintiéndose de ellos.

DE AHORA EN ADELANTE

- ¿Cuáles son sus ídolos?
- ¿De qué maneras le impiden seguir a Jesús con todo su corazón?
- ¿Qué aliento le da Mateo 19:23-26?

DÍA 14

LA FE PARA PERDONAR

«Así que, ¡cuídense! Si tu hermano peca, repréndelo; y si se arrepiente, perdónalo. Aun si peca contra ti siete veces en un día, y siete veces regresa a decirte que se arrepiente, perdónalo. Entonces los apóstoles dijeron al Señor: —¡Aumenta nuestra fe! —Si ustedes tuvieran una fe tan pequeña como una semilla de mostaza —respondió el Señor—, podrían decirle a este árbol sicómoro: "Arráncate de aquí y plántate en el mar" y les obedecería».

Lucas 17:3-6 NVI

Dado que el perdón ilimitado parece insostenible, la mayoría de nosotros creemos que debería haber un límite, o al menos un plazo, según si la persona merece plenamente nuestro perdón. Por supuesto, eso depende de nuestra interpretación de la ofensa y de la sinceridad del arrepentimiento del ofensor. Pero Jesús no lo ve así. Según Él:

Ellos se arrepienten. Nosotros perdonamos. Y punto.

Después de que los discípulos le pidieran a Jesús que les aumentara la fe necesaria para obedecer este mandato, que de otro modo sería imposible, Él explicó que una fe del tamaño de un grano de mostaza es perfectamente suficiente. Esto se debe a que no es cuestión de cantidad. El hecho de tener más fe no equivale a más perdón. Es cuestión de calidad: tener una fe genuina en Aquel que ordena al ofendido que abandone la ofensa. En otras palabras, perdonar a las personas significa confiar en Dios.

Sin embargo, no nos gusta eso, especialmente si aún nos estamos recuperando de la angustia, la traición o el dolor. Tendemos a pensar que negarnos a perdonar a los responsables de nuestro dolor es, de alguna manera, una venganza. Es un sentido distorsionado de la justicia y la razón, por lo que perdonar a los demás se encuentra entre los mandamientos más difíciles que estamos llamados a obedecer.

Durante otra enseñanza que terminó en el mar, Jesús dijo: «Les digo la verdad, ustedes pueden decir a esta montaña: "Levántate y échate al mar", y sucederá; pero deben creer de verdad que ocurrirá y no tener ninguna duda en el corazón. Les digo, ustedes pueden orar por cualquier cosa y si creen que la han recibido, será suya. Cuando estén orando, primero perdonen a todo aquel contra quien guarden rencor, para que su Padre que está en el cielo también les perdone a ustedes sus pecados» (Marcos 11:23-25 NTV).

Fue una pericia de parte de Jesús añadir ese último detalle sobre el perdón a su promesa de responder a la oración. Claramente, Él sabía cuánto preferimos mantener nuestra capacidad de mover montañas que tener que pedir perdón por las ofensas. También sabía lo que se necesitaría para que obedeciéramos este mandato, de otro modo fuera imposible: a través de su justicia perfecta. Aquel que ordenó a los ofendidos que dejaran atrás la ofensa soportó *toda* la angustia, la traición y el dolor de la humanidad. ¿Y adivina dónde terminó? Miqueas 7:19 nos dice: «arrojarás a las profundidades del mar todos nuestros pecados».

Si hacemos del perdón nuestra oración que mueve montañas, nuestra fe, perfecta y suficiente, como un grano de mostaza, nos permitirá confiar en Dios y ser como Cristo. Porque así es como lo hace Jesús. Según Él: Nos arrepentimos. Él perdona. Fin de la historia.

ENFOQUE DE ORACIÓN

Alabe a Dios por su perdón y por arrojar sus pecados a las profundidades del mar. Pídale que le ayude a comprender verdaderamente la importancia de su perdón y que pueda influir en cómo perdona a los demás. Dele gracias por su justicia perfecta.

DE AHORA EN ADELANTE

- ¿Ha comprendido realmente la importancia del perdón de Dios hacia usted? ¿Cómo influye comprender su perdón en la disposición suya para perdonar a los demás?

- ¿Tiene un sentido distorsionado de la justicia? Si es así, describa por qué le resulta difícil confiarle a Dios su dolor, traición o pena.

- ¿Ha considerado el impacto que la falta de perdón tiene en su crecimiento espiritual? ¿Cómo podría obstaculizar su vida de oración y su relación con Dios?

DÍA 15

BUSCAR Y SALVAR

«Pero Zaqueo dijo resueltamente: —Mira, Señor, ahora mismo voy a dar a los pobres la mitad de mis bienes y si en algo he defraudado a alguien, le devolveré cuatro veces la cantidad que sea. —Hoy ha llegado la salvación a esta casa —le dijo Jesús—, ya que este también es hijo de Abraham. Porque el Hijo del hombre vino a buscar y a salvar lo que se había perdido».

Lucas 19:8-10 NVI

Al pasar por Jericó, Jesús vio a Zaqueo, el recaudador de impuestos, despreciado y de baja estatura, encaramado en las ramas de un sicómoro. Sin dudarlo, Jesús lo llamó y le dijo: «"Zaqueo, baja enseguida. Tengo que quedarme hoy en tu casa". Así que se apresuró a bajar y, muy contento, recibió a Jesús en su casa» (Lucas 19:5-6 NVI).

Después de pasar tiempo en la presencia de Jesús, Zaqueo se arrepintió de sus negocios turbios. Se comprometió a donar la mitad de sus bienes a los pobres y a devolver a todos los que había estafado. Era un hombre cambiado, y su transformación radical en su corazón impulsó a Jesús a declarar: «Hoy ha llegado la salvación a esta casa…, ya que este también es hijo de Abraham. Porque el Hijo del hombre vino a buscar y a salvar lo que se había perdido» (v. 9 NVI).

Aunque hermosa, esa fue una declaración sumamente provocadora para un grupo de judíos respetuosos de la ley. Es improbable que la conversión de Zaqueo, o el sentimiento de Jesús al respecto, les hubiera conmovido. Ya estaban molestos porque Jesús decidió hospedarse en casa de un conocido «pecador» (Lucas 19:7). Pero referirse a ese pecador como «hijo de Abraham» llevó las cosas a un nivel completamente nuevo.

Para empezar, Jesús les recordaba que este traidor, colaborador de los romanos, compartía el mismo ADN ancestral que ellos. Nada bien. Y peor aún, Jesús afirmaba que los descendientes de Abraham podían ser pecadores perdidos independientemente de su ADN ancestral. Al declarar a Zaqueo como hijo de Abraham, una vez perdido, pero ahora hallado, Jesús enfatizaba la precedencia de la fe genuina sobre el linaje humano.

Irónicamente, el único otro lugar donde se menciona a «hijo de Abraham» en el Nuevo Testamento es en la genealogía de Jesús. Mateo 1:1 comienza: «Libro de la genealogía de Jesucristo, hijo de David, hijo de Abraham». Al declarar que la salvación había llegado a la casa de Zaqueo ese día —Jesús afirmaba que la salvación se encuentra solo en Él—, trascendía la ascendencia judía de Zaqueo y lo convertía en heredero según las nuevas y mejores promesas (Hebreos 8:6).

En pocas palabras, solo el Hijo del Hombre puede determinar si un hijo de Abraham es realmente hijo de Dios.

Nosotros también formamos parte de este linaje divino mediante nuestra fe en Jesucristo. Somos adoptados en la familia de Dios, convirtiéndonos en hijos e hijas del Altísimo, coherederos con Cristo, junto a Zaqueo, quien una vez estuvo perdido, pero ahora encontrado.

El apóstol Pablo lo expresó así en su carta a los Gálatas: «Pues todos ustedes son hijos de Dios mediante la fe en Cristo Jesús... No hay judío ni griego; no hay esclavo ni libre; no hay hombre ni mujer, porque todos son uno en Cristo Jesús. Y si ustedes son de Cristo, entonces son descendencia de Abraham, herederos según la promesa» (Gálatas 3:26, 28-29).

La misión de Jesús no ha cambiado; Él sigue buscando y salvando a los perdidos, sin importarle quién esté molesto ni por qué. Él nos llama a cada uno de nosotros y nos dice: «Date prisa..., porque hoy debo quedarme en tu casa». Una invitación provocadora. Lo que significa que, aun cuando seamos los pecadores más notorios, culpables de todo tipo de negocios turbios, el tiempo en su presencia transformará nuestros corazones si lo recibimos con alegría.

ENFOQUE DE ORACIÓN

Alabe a Dios porque la misión de Jesús fue, y sigue siendo, buscar y salvar a los perdidos. Pídale que cultive en usted el deseo de ver y tener un encuentro con Jesús. Dele gracias por invitarle a ser coheredero con Cristo, junto con Zaqueo, quien una vez estuvo perdido y ahora ha sido encontrado.

DE AHORA EN ADELANTE

- Describa la primera vez que Jesús lo llamó y le dijo que pasaría por su casa. (¡Quizás sea hoy!)

- La promesa de Zaqueo de donar la mitad de sus bienes a los pobres y reponer a todos los que había estafado fue evidencia de su salvación. ¿Qué cambios radicales ha hecho desde que Jesús lo cambió?

- ¿Desafía la historia de Zaqueo cualquier idea preconcebida que pueda tener sobre quién merece el amor y la gracia de Dios?

DÍA 16

EXPECTATIVAS DESAFIANTES

Estando ellos oyendo estas cosas, Jesús continuó diciendo una parábola, porque Él estaba cerca de Jerusalén y ellos pensaban que el reino de Dios iba a aparecer de un momento a otro. Por eso dijo: «Cierto hombre de familia noble fue a un país lejano a recibir un reino para sí y después volver. Llamando a diez de sus siervos, les repartió diez minas y les dijo: "Negocien con esto hasta que yo regrese". Pero sus ciudadanos lo odiaban, y enviaron una delegación tras él, diciendo: "No queremos que este reine sobre nosotros"».

Lucas 19:11-14

En aquel entonces, el consenso entre el pueblo judío era que el Mesías vendría como líder político y militar para establecer un reino terrenal que los liberaría de las garras del dominio romano y restablecería la autonomía de Israel. Esperaban que esto sucediera de un momento a otro.

Para desafiar sus expectativas y brindarles una mejor comprensión del reino de Dios, Jesús contó la parábola de las diez minas. En resumen, después de que un noble le diera a diez de sus siervos una buena cantidad de dinero para invertir en empresas comerciales y demás, estos desarrollaron un desprecio extrañamente agresivo por su benefactor y se rebelaron contra su autoridad.

El motivo de su oposición no se explica explícitamente, pero es justo asumir, dado que el noble representa a Jesús, que fue impulsado por el orgullo, la autocomplacencia, la falta de fe o el amor propio y al mundo. A pesar de su rebelión, el noble fue nombrado rey. Regresó para evaluar qué siervos habían invertido en su nombre y quiénes lo habían rechazado.

Dos de los siervos cambiaron de opinión y obtuvieron una ganancia sustancial. El noble convertido en rey se mostró complacido con su gestión y les encargó unas ciudades. Al primero le dijo: «Bien hecho, buen siervo, puesto que has sido fiel en lo muy poco, ten autoridad sobre diez ciudades» (Lucas 19:17).

Sin embargo, no a todos les fue tan bien. «Y vino otro, diciendo: "Señor, aquí está tu mina, que he tenido guardada en un pañuelo; pues te tenía miedo, porque eres un hombre exigente, que recoges lo que no depositaste y siegas lo que no sembraste"» (Lucas 19:20-21 LBLA).

La presunción de este hombre era tan terriblemente errónea y egoísta que culpó a la autoridad del rey por su flagrante desprecio. El rey lo regañó por su disparate y luego entregó su mina al primer siervo que obtuvo autoridad sobre diez ciudades. «Les digo, que a cualquiera que tiene, más le será dado, pero al que no tiene, aun lo que tiene se le quitará. Pero a estos mis enemigos, que no querían que reinara sobre ellos, tráiganlos acá y mátenlos delante de mí» (Lucas 19:26-27).

Cuando recordamos que Jesús contó esta historia para desafiar las expectativas y darnos una mejor comprensión del reino de Dios, podemos entender que de lo que realmente hemos sido salvados es de las garras del autogobierno y de nuestra propia autonomía. Cuando nos dejamos llevar por nosotros mismos, los humanos desarrollamos un desprecio extrañamente agresivo por nuestro benefactor, y nuestra humanidad se rebela contra su autoridad. Esto se debe a que, sin fe, nos dejamos llevar por el orgullo, la autocomplacencia, el amor a nosotros mismos y al mundo. La consecuencia de *eso* es lo más grave, no el Rey. El Rey espera pacientemente su regreso para que más personas puedan arrepentirse, conocerlo, invertir en las empresas del reino y, finalmente, ser recompensadas. Puede que no suceda de inmediato, pero cuando el Rey finalmente regrese, que se complazca con nuestra mayordomía y diga: «Bien hecho, buen siervo».

ENFOQUE DE ORACIÓN

Alabe a Dios por su generosidad y paciencia. Pídale que examine su corazón y exponga cualquier aspecto que le impida ser fiel a lo que ha recibido. Arrepiéntase de cualquier excusa que lo haya llevado a ignorar su autoridad. Dele gracias por brindarle continuamente una mejor comprensión del reino.

DE AHORA EN ADELANTE

- ¿Vive con una mentalidad de responsabilidad? ¿Por qué sí o por qué no?

- ¿Le teme en lo que se refiere a sus recursos, talentos y oportunidades, o confía en que Dios multiplicará sus esfuerzos?

- Nuestro Rey espera pacientemente su regreso para que más personas se arrepientan y lo conozcan. ¿Cómo puede alinear sus prioridades y sus «minas» con el deseo de Dios por los perdidos?

DÍA 17

CUIDADO CON LA HIPOCRESÍA

Mientras todo el pueblo lo escuchaba, Jesús dijo a sus discípulos: «Cuídense de los maestros de la Ley. Les gusta pasearse con ropas ostentosas y les encanta que los saluden en las plazas, ocupar los primeros asientos en las sinagogas y los lugares de honor en los banquetes. Se apoderan de los bienes de las viudas y a la vez hacen largas plegarias para impresionar a los demás. Estos recibirán peor castigo».

LUCAS 20:45-47 NVI

Dado que toda la existencia, identidad y estilo de vida de Israel giraban en torno a su conexión con Dios, Jesús lanzó sus acusaciones más duras contra los líderes religiosos, quienes estaban demasiado ansiosos por aprovecharse de ello. Expuso la actitud santurrona de los escribas como lo que era: una gran farsa, e instó al pueblo a no dejarse engañar.

Lo que Jesús no instó al pueblo a hacer fue a rechazar las enseñanzas de los escribas, ni a boicotear el templo. Al contrario, en Mateo 23:2-3, Jesús aconsejó a la multitud y a sus discípulos: «Los maestros de la Ley y los fariseos tienen la responsabilidad de interpretar a Moisés. Así que ustedes deben obedecerlos y hacer todo lo que les digan. Pero no hagan lo que hacen ellos, porque no practican lo que predican (NVI)».

La advertencia no era: tengan cuidado, no sea que su casa sea devorada. La advertencia era: tengan cuidado, no sea que *sean* devorados si hacen lo que ellos hacen. Y lo que hicieron fue aparentemente admirable e innegablemente impresionante. Además de sus expresiones externas de piedad, poseían todos los atributos que a la gente suele fascinarle: riqueza, poder, reconocimiento y alta posición social.

A pesar de las malas intenciones y prioridades de los escribas, Jesús exhortó a la gente a escuchar sus palabras. Incluso un grupo de hipócritas condenados al infierno puede ser precursor de una verdad transformadora, porque la Palabra de Dios no regresa vacía. «Así es también la palabra que sale de mi boca: No volverá a mí vacía, sino que hará lo que yo deseo y cumplirá con mis propósitos» (Isaías 55:11 NVI).

El apóstol Pablo hizo eco de esa profesión en su carta a los Filipenses: «Es cierto que algunos predican a Cristo por envidia y rivalidad, pero otros lo hacen con buenas intenciones. Estos últimos lo hacen por amor, pues saben que he sido puesto para la defensa del evangelio. Aquellos predican a Cristo por ambición personal y no por motivos puros, creyendo que así van a aumentar las angustias que sufro en mi prisión. ¿Qué importa? Al fin y al cabo, y sea como sea, con motivos falsos o con sinceridad, se predica a Cristo. Por eso me alegro; es más, seguiré alegrándome» (1:15-18 NVI).

Dado que toda la existencia, identidad y estilo de vida de nuestra cultura giran en torno a la riqueza, el poder, el reconocimiento y la alta posición social, nosotros también debemos cuidarnos de la hipocresía, tanto en los demás como en nosotros mismos. Es muy fácil dejarse llevar por ella. Las expresiones externas de la identidad personal pueden ser innegablemente impresionantes, pero siguen siendo una farsa si no giran en torno a una verdadera conexión con Dios. Si practicamos lo que predicamos y predicamos a Cristo con buena voluntad y amor, no seremos devorados. Nos convertiremos en precursores y ejemplos de la verdad que transforma las vidas. Y nada de lo que hagamos regresará vacío.

ENFOQUE DE ORACIÓN

Alabe a Dios porque su Palabra no regresa vacía, sino que cumple lo que Él se propone. Pídale que lo ayude a priorizar una conexión profunda con Jesús por encima de las expresiones externas que parecen impresionantes. Dele gracias por su gracia y guía mientras lo guía en su verdad.

DE AHORA EN ADELANTE

- ¿Se siente tentado a impresionarse por las expresiones externas de un líder religioso (que hoy parecen más de éxito que de piedad) o se preocupa más por escuchar sus enseñanzas y buscar una conexión más profunda con Dios?

- ¿Cómo maneja la tentación de buscar elogios y reconocimiento de los demás por su fe y sus actos de servicio?

- Comprobación de hipocresía: ¿En qué área es más probable que se deje seducir: la riqueza, el poder, el reconocimiento, la alta posición social? ¿Qué medida práctica puede tomar para protegerse?

DÍA 18

SIMPLEMENTE MILAGROSO

Cuando llegaron a Capernaúm, se acercaron a Pedro los que cobraban las dos dracmas del impuesto del templo y dijeron: «¿No paga su maestro el impuesto del templo?» «Sí», contestó Pedro. Y cuando él llegó a casa, Jesús se le anticipó, diciendo: «¿Qué te parece, Simón? ¿De quiénes cobran tributos o impuestos los reyes de la tierra, de sus hijos o de los extraños?». «De los extraños», respondió Pedro. «Entonces los hijos están exentos», le dijo Jesús. «Sin embargo, para que no los escandalicemos, ve al mar, echa el anzuelo, y toma el primer pez que salga; y cuando le abras la boca hallarás un siclo; tómalo y dáselo por ti y por Mí».

Mateo 17:24-27

Jesús no le debía nada a nadie, porque todos, en todas partes, le deben todo a Jesús, siempre. Sin embargo, eligió sabiamente sus lecciones, así que en lugar de explicar su señorío no sujeto a impuestos por los recaudadores, se lo demostró a Pedro al proporcionarle dinero para el impuesto. Lo hizo mediante una tarea familiar y unas pocas instrucciones básicas. La expedición de pesca a la que Jesús envió a Pedro no dejó lugar a confusión sobre quién era responsable de qué. Pedro pescó un pez en el mar. Jesús era soberano sobre todo lo que había en él.

La provisión milagrosa de Dios, que obra en sintonía con la simple obediencia del hombre, no es nueva. De hecho, ocurre constantemente a lo largo de toda la Escritura. En el libro del Éxodo, Dios suministró maná a los israelitas durante su viaje de cuarenta años por el desierto. Continuamente, durante más de catorce mil días (sin contar los sábados), aproximadamente dos millones de personas fueron alimentadas milagrosamente. Todo lo que los israelitas tenían que hacer era recoger la sustancia parecida al pan que aparecía en el suelo cada mañana, tomando solo lo suficiente para sus necesidades diarias. Eso era todo. De nuevo, nada complicado. No había confusión.

Como si esa instrucción no fuera suficientemente básica, antes de dividir el Mar Rojo para que los israelitas pudieran escapar del ejército egipcio que los perseguía, Dios le ordenó a Moisés que extendiera su mano sobre el mar. Moisés lo hizo, y todos cruzaron. Al otro lado, lo hizo de nuevo. «Entonces el Señor dijo a Moisés: "Extiende tu mano sobre el mar para que las aguas vuelvan sobre los egipcios, sobre sus carros y su caballería". Y Moisés extendió su mano sobre el mar, y al amanecer, el mar regresó a su estado normal, y los egipcios al huir se encontraban con él. Así derribó el Señor a los egipcios en medio del mar» (Éxodo 14:26-27).

Atrapar un pez. Recoger la comida. Extender la mano. De eso era responsable el hombre en estas situaciones. Dios, por otro lado, proveyó los recursos, el sustento, el camino a seguir y la protección contra los enemigos. O como lo expresó Pablo: «Y mi Dios proveerá a todas sus necesidades, conforme a sus riquezas en gloria en Cristo Jesús» (Filipenses 4:19).

Jesús pudo haber inventado el impuesto del templo de la nada y entregárselo a Pedro. Con ese fin, cada milagro en las Escrituras podría haber ocurrido sin la más mínima intervención humana, pero Dios quiere que su provisión milagrosa trabaje en sintonía con la simple obediencia del hombre. Eso no ha cambiado. Él todavía elige sus lecciones sabiamente. En lugar de simplemente explicar su señorío, su amor infinito y su soberanía, sobre todo, Él nos lo demuestra a todos al satisfacer todas nuestras necesidades, generalmente mediante tareas familiares e instrucciones básicas.

Simplemente tenemos que hacerlo, lo cual no es nada complicado ni confuso.

ENFOQUE DE ORACIÓN

Alabe a Dios por demostrar continuamente su soberanía y amor mediante sus milagrosas provisiones, entre ellas, el aire de sus pulmones. Dele gracias por suplir todas sus necesidades conforme a sus riquezas en gloria en Cristo Jesús.

DE AHORA EN ADELANTE

- ¿Hay alguna instrucción básica que le ha costado obedecer porque piensa: *¿De qué servirá? ¿Dar? ¿Servir? ¿Orar por algo o por alguien?*

- ¿Cuál ha sido su experiencia con la provisión milagrosa? ¿Cómo ha suplido Dios una necesidad tan simple como descabellada?

- ¿Cuál es su mayor necesidad ahora mismo: recursos, sustento, salud, el camino a seguir o protección?

DÍA 19

«¿QUÉ QUIERES?»

Entonces la madre de los hijos de Zebedeo, junto con ellos, se acercó a Jesús y, arrodillándose, le pidió un favor. —¿Qué quieres? —preguntó Jesús. Ella le dijo: —Ordena que en tu reino uno de estos dos hijos míos se siente a tu derecha y el otro a tu izquierda. —Ustedes no saben lo que están pidiendo —respondió Jesús—. ¿Pueden acaso beber el trago amargo de la copa que yo voy a beber? —Sí, podemos.

MATEO 20:20-22 NVI

Hay que reconocer que la madre de Santiago y Juan era audaz. Quizás se inspiró en la historia de Jesús sobre el hombre que fue a casa de su amigo a medianoche a pedir pan para alimentar a un invitado hambriento. Jesús dijo: «Les digo que, aunque no se levante a darle pan por ser amigo suyo, sí se levantará por su impertinencia y le dará cuanto necesite» (Lucas 11:8 NVI). Quizás pensó que estaba pidiendo con la misma «desvergüenza» que ese hombre. Después de todo, él sí consiguió el pan.

Claro que fue valiente, pero su petición también fue vergonzosamente errónea. Si bien podemos comprender el deseo de una madre de asegurar lo mejor para sus hijos, ella no entendía lo que implicaría tal petición. Por lo tanto, Jesús, con amabilidad, le informó que no tenía ni idea del asunto.

Por supuesto, no era la única confundida sobre el camino a la grandeza en el reino de Dios. Inmediatamente después de su súplica, los otros diez discípulos se indignaron con Santiago y Juan por haber incitado a su madre a hacerlo, *no* porque les doliera el descarado egocentrismo, sino porque podría haberlos dejado fuera de la contienda por su propia proximidad al trono.

Competían por los asientos VIP y comenzaron a discutir entre ellos sobre quién era el más merecedor. Solo se dieron cuenta de lo vergonzoso que era todo el asunto *después* que Jesús les preguntó de qué estaban hablando. Rompió el incómodo silencio con esta aclaración antitética: «Si alguno quiere ser el primero, que sea el último de todos y el servidor de todos» (Marcos 9:35 NVI).

¿Un servidor? Espera, eso me suena familiar, como el tipo que insistía en llamar a la puerta de un amigo a medianoche para saciar el hambre de un hombre. Ya sabes, ese es el tipo de persona que sacrificaría su reputación y comodidad personal por la necesidad real y genuina de otro.

Ah, sí, eso.

Cuando Jesús preguntó: «¿Pueden acaso beber el trago amargo de la copa que yo voy a beber?», Santiago y Juan no comprendían la magnitud de la pregunta, pero eso no la convertía en retórica. Pronto aprenderían lo que significaba ser como el Siervo más grande de todos, «quien por el gozo puesto delante de Él soportó la cruz, despreciando la vergüenza, y se ha sentado a la diestra del trono de Dios» (Hebreos 12:2).

Irónicamente, fue solo gracias al asiento VIP de Jesús que finalmente beberían la copa, serían como su líder y demostrarían su amor sacrificial al mundo. Hay que reconocerles a Santiago y Juan que fueron valientes. Con una comprensión cristocéntrica de lo que realmente implica la grandeza del reino, se inspiraron en su historia y soportaron con valentía la misma vergüenza, convirtiéndose en siervos de todos.

ENFOQUE DE ORACIÓN

Alabe a Dios por demostrar su amor sacrificial al mundo. Pídale que exponga cualquier motivación errónea y le muestre cómo cultivar una actitud de servicio hacia los demás. Dele las gracias por tocar la puerta de su corazón constantemente para llenarlo y alimentarlo.

DE AHORA EN ADELANTE

- ¿Cómo reacciona cuando otros buscan reconocimiento o intentan enaltecerse? ¿Se indigna, como si eso pudiera dejarlo fuera de la contienda?

- Examen de conciencia: ¿Busca posiciones de poder y autoridad (es decir, puestos VIP) por razones egoístas? ¿O busca maneras de servir a Cristo y a los demás?

- ¿Está dispuesto a satisfacer necesidades reales y genuinas, incluso si eso significa no recibir el reconocimiento o la recompensa que desea?

DÍA 20

EL QUE VUELCA LAS MESAS

Jesús entró en el templo y echó fuera a todos los que compraban y vendían en el templo. También volcó las mesas de los que cambiaban el dinero y los asientos de los que vendían las palomas.

MATEO 21:12

La situación del cambio de moneda: el templo requería cierto tipo de moneda (conocida como siclo) para el pago del impuesto obligatorio del templo y otras ofrendas. Eso estaba bien. Tenía sentido utilizar la moneda estándar y más estable de la región, y el impuesto tenía importancia histórica para el pueblo judío.

En Éxodo 30:11-16, Dios mismo le ordenó a Moisés cobrar medio siclo anualmente a cada israelita. El impuesto tenía dos propósitos: les recordaba simbólicamente su necesidad de expiación y se utilizaba para la construcción, el mobiliario y el mantenimiento del tabernáculo.

El impuesto del templo del primer siglo no era exactamente el mismo, pero el concepto era similar y seguía siendo necesario para el mantenimiento y otras necesidades. Sin embargo, las cosas se complicaron cuando los líderes religiosos decidieron que sería una gran idea explotar el sistema de Dios para su beneficio personal. Inflaron los tipos de cambio y estafaban a los inocentes fieles.

La situación de la venta de palomas: además del impuesto, el templo exigía sacrificios de animales como parte de los rituales de adoración, lo que les daba a los líderes religiosos aún más oportunidades de enriquecerse. Establecieron un monopolio donde vendían animales, especialmente palomas y tórtolas, a precios exorbitantes.

En teoría, la gente podría haber traído sus propios animales para el sacrificio, pero había varios factores que lo hacían impráctico. Por un lado, muchos vivían lejos de Jerusalén, y viajar largas distancias con animales vivos era molesto y costoso. Además, los animales tenían que estar perfectos e intachables. Y en adición a eso, el templo tenía fechas y horas específicas para los sacrificios, especialmente durante las festividades concurridas, por lo que coordinar horarios habría sido una pesadilla de logística. Al final, comprar los animales del templo, tan caros, era la única opción razonable para la mayoría.

La situación de las mesas volcadas: no fue el intercambio de dinero, ni la venta de animales en sí lo que enfureció a Jesús. Esas prácticas no eran intrínsecamente malas. Fue la corrupción abyecta y la maldad que imperaban en la casa de su Padre lo que impulsó a Jesús a volcar las mesas y expulsar a todos los que vendían y compraban en el templo.

Es una escena extraordinaria. Cosas volando por todas partes. Multitudes de personas comunes y corrientes, de pie, con la boca abierta, asombradas ante el poder y la audacia de todo aquello. Con un celo inigualable, Jesús protegía la santidad del templo y su pureza como casa de oración para todas las naciones (Marcos 11:17). Sin duda, su justa ira era tan demostrativa como exigente. Pero también lo era su amor inquebrantable.

Imaginen el momento en que toda esa gente común se dio cuenta de que Él no solo estaba confrontando la injusticia, sino que abogaba por ellos. Este hombre radical que volcaba las mesas vio todo lo que estaba sucediendo: los tipos de cambio exorbitantes, los animales sobrevalorados, la avaricia y la explotación. Y también los vio a ellos: a los humildes. A los explotados. A los fieles peregrinos a merced de los injustos. Allí mismo, en el atrio exterior del enorme templo abarrotado, este apasionado Mesías defendió su causa y se convirtió en la personificación de Salmos 33:5. «Él ama la justicia y el derecho; llena está la tierra de la misericordia del Señor».

ENFOQUE DE ORACIÓN

Alabe a Dios por ser un Dios de justicia y un Dios de amor inagotable. Dele gracias por ver todo lo que sucede en este mundo, desde la avaricia y la explotación hasta todas las personas que sufren por ello. Pídale que le muestre cómo ser sus manos y pies para servir a quienes sufren injusticia.

DE AHORA EN ADELANTE

- ¿Cuáles son sus prácticas espirituales? (Piense en diezmar, recibir la comunión, leer la Biblia, devociones familiares, orar, escribir en su diario, etc.).

- Los versículos de hoy deberían impulsarnos a examinar nuestro corazón y hacer los ajustes necesarios. ¿Qué pasos puede dar para asegurar que sus prácticas espirituales se centren en la verdadera adoración y la integridad sincera?

- Suponiendo que no se trata de cambiar las cosas, ¿cómo puede promover con amor la justicia y la rectitud en su comunidad? (Nota: cuídese de nunca asumir que conoce completamente los corazones o las motivaciones de los demás, como Jesús. La palabra clave en esta pregunta es *amor*… porque no somos jueces ni podemos volcar mesas; eso le pertenece a Él).

DÍA 21

AYES Y PROMESAS

«¡Ay de ustedes, hipócritas!, porque recorren el mundo en busca de conversos, y una vez que los encuentran los hacen dos veces más hijos del infierno que ustedes mismos».

MATEO 23:15 NBV

En su afán de gloria, los fariseos a veces creaban monstruos. Los conversos que habían reunido con avidez se transformaban en réplicas de sí mismos, pero con una propensión aún mayor al mal. Eso es lo que sucede cuando individuos corruptos infectan las mentes y las almas de quienes los rodean. Todo se echa a perder rápidamente. Jesús tenía mucho que decir a los supuestos guardianes de la justicia que llevaban a la gente por el camino del infierno.

Expresó su desdén pronunciando siete «ayes» del juicio. A continuación, una lista parafraseada de esos ayes:

¡Ay de ustedes porque cierran la puerta del reino de los cielos en la cara de la gente! No entran ustedes mismos, y obstaculizan a otros que intentan entrar (Mateo 23:13).

¡Ay de ustedes porque explotan a las personas vulnerables, aprovechándose de las viudas y haciendo alarde de sus largas oraciones (v. 14)!

¡Ay de ustedes, porque recorren largas distancias para ganar conversos, solo para extraviarlos! Los convierten en seguidores aún más descarriados que ustedes (v. 15).

¡Ay de ustedes, porque se centran tanto en verse bien por fuera, mientras descuidan la justicia, la misericordia y la fidelidad! Se fijan en nimiedades, ignorando los asuntos más importantes de la ley (vv. 23-24).

¡Ay de ustedes, porque limpian el exterior del vaso y del plato, pero por dentro son avariciosos y egoístas! Son como hermosos sepulcros con huesos muertos dentro. Fingen ser justos, pero Dios los ve (vv. 25-28).

¡Ay de ustedes, porque honran a los profetas del pasado, pero persiguen a los profetas que les han sido enviados en el presente! ¡Se niegan a escuchar a los mensajeros de Dios (vv. 29-31)!

¡Ay de ustedes, porque dicen honrar a los profetas de antaño, pero son descendientes de quienes los mataron! Continúan con el mismo patrón de rechazar y perseguir a los mensajeros de Dios (vv. 32-36).

Afortunadamente, lo contrario también es cierto. En

nuestra búsqueda por glorificar a Dios y representar a Jesús, formaremos discípulos. Eso es lo que sucede cuando los verdaderos seguidores de Cristo influyen en las mentes y las almas de quienes los rodean. La situación se vuelve maravillosa rápidamente. La Palabra de Dios tiene mucho que decir sobre los guardianes de la justicia que guían a la gente a Jesús. Transmite todo tipo de promesas y mandamientos correspondientes. A continuación, una lista parafraseada de ellos:

Sea una fuente de luz para los demás. Deje que su influencia guíe a las personas hacia Dios, en lugar de hacerlas tropezar. Viva una vida que refleje el amor, la gracia y la verdad de Jesús (Mateo 5:16).

Defienda a quienes no pueden defenderse por sí mismos y defienda a quienes lo necesitan. Sea justo y equitativo en sus juicios, defendiendo los derechos de los necesitados (Proverbios 31:8-9).

Siempre esté listo para explicar a quien le pregunte sobre la esperanza que tiene en Cristo. Hágalo con amabilidad y respeto (1 Pedro 3:15).

Priorice la justicia, la misericordia y la fidelidad en su vida. No se deje atrapar por los detalles menores, sino concéntrese en lo más importante. Busque vivir una vida que refleje el deseo de Dios de justicia y compasión (Miqueas 6:8).

En lugar de centrarse en las apariencias, cultive un corazón genuino de pureza y rectitud. Permita que Dios limpie su corazón de la avaricia y la maldad (Salmos 51:10).

Si escucha la voz de Dios hoy, no cierre su corazón, ni se resistas a Él como otros lo hicieron en el pasado (Hebreos 3:15).

Honre a los profetas y a los justos siguiendo sus pasos. Acepte sus enseñanzas y viva su ejemplo de fidelidad a Dios (Hebreos 12:1).

ENFOQUE DE ORACIÓN

Alabe a Dios por su misericordia, justicia y fidelidad. Pídale que le revele cualquier cosa que pudiera convertirlo en un fariseo por accidente. Dele gracias por todos los mandamientos y las promesas correspondientes que están en su Palabra.

DE AHORA EN ADELANTE

- ¿Alguna vez ha usado su posición o influencia para exaltarse y buscar reconocimiento, o sirve y anima humildemente a los demás? (¿O quizás ambas cosas, según las circunstancias?).

- ¿Busca honrar y aprender de quienes enseñan y viven fielmente la verdad de Dios?

- ¿De qué manera es una fuente de luz para los demás?

DÍA 22

ESTÉ PREPARADO

«El reino de los cielos será entonces como diez jóvenes solteras que tomaron sus lámparas y salieron a recibir al novio. Cinco de ellas eran insensatas y cinco, prudentes. Las insensatas llevaron sus lámparas, pero no se abastecieron de aceite. En cambio, las prudentes llevaron vasijas de aceite junto con sus lámparas. Y como el novio tardaba en llegar, a todas les dio sueño y se durmieron».

Mateo 25:1-5 nvi

Como lo demuestra la boda en Caná, la celebración nupcial del primer siglo solía ser un evento de varios días, lleno de comida, bebida, baile y celebración. Logísticamente hablando, podía plantear todo tipo de desafíos para el anfitrión. Podía faltar algo, como el vino. En este caso, Jesús podía remediar la situación preparando más.

En la parábola de «Las diez vírgenes», el aceite de la lámpara se agotó, un problema que no tenía solución una vez que ocurría. No se podía producir más aceite milagrosamente, porque la responsabilidad del aceite recaía en los invitados, no en el anfitrión. Era absolutamente esencial que cada invitado viniera completamente preparado.

Para aclarar, las vírgenes de la historia representan a diez damas de honor solteras que esperaban su momento para unirse a la procesión ceremonial. A diferencia de las bodas meticulosamente orquestadas de la actualidad, las ceremonias de entonces se desarrollaban a su propio ritmo, con el novio tomando la iniciativa cuando lo consideraba oportuno. Al fin y al cabo, era su fiesta.

«A medianoche se oyó un grito: "¡Ahí viene el novio! ¡Salgan a recibirlo!"» (Mateo 25:6).

En cuanto llegó, todas despertaron sobresaltadas y tomaron sus lámparas. Las vírgenes prudentes estaban preparadas y listas para partir. Encendieron sus lámparas con el aceite que tenían de reserva. Sin embargo, las vírgenes insensatas no se adaptaron a la larga espera. Desesperadas, pidieron a las damas de honor prudentes que compartieran su amor y les dieran aceite. Pero esa no era una opción, y para cuando las vírgenes insensatas regresaron del almacén de aceite, ya era demasiado tarde. La puerta estaba cerrada y se les negó la entrada a la recepción. Desesperadas, suplicaron:

«"¡Señor, Señor —decían—, ábrenos!". "¡Les aseguro que no las conozco!", respondió él» (Mateo 25:11-12 NVI).

A las damas de honor insensatas no se les prohibió entrar a la recepción por estar somnolientas, desorganizadas o ajenas a la situación. Su gestión del aceite reveló un problema mucho más profundo: apatía espiritual. Inicialmente, tenían aceite, pero no les alcanzaba para todo el tiempo, lo que significa que, en algún momento, decidieron deliberadamente que no necesitarían más. Las damas de honor insensatas se durmieron con indiferencia, asumiendo que alguien más o un último esfuerzo podría revertir las consecuencias de sus acciones.

Jesús contó esta parábola para dejar claro que la única opción disponible para entrar es estar listos para su regreso. En términos logísticos, enfrentaremos todo tipo de desafíos mientras esperamos. Sin embargo, lo único que no podemos quedarnos es sin aceite, porque el aceite representa la morada y el poder del Espíritu Santo. Eso explica por qué ese amor no se puede compartir, ni tomar prestado en el último minuto.

Nuestra relación con el Señor debe ser nuestra, personal.

Nadie sabe cuándo regresará Jesús. Nuestro Novio tomará la iniciativa cuando lo considere oportuno; después de todo, es su fiesta. Mientras tanto, debemos estar completamente preparados conociéndolo, para que cuando finalmente despertemos, ¡estemos listos para entrar en la recepción!

ENFOQUE DE ORACIÓN

Agradézcale a Dios por el recordatorio tan necesario de estar espiritualmente preparados y listos para el regreso de Jesús. Pídale que le dé un sentido de urgencia y anticipación para que pueda vivir cada día con propósito y disposición.

DE AHORA EN ADELANTE

- ¿Está preparado? ¿Tiene una relación personal con Jesús o ha confiado en la fe de amigos o familiares?

- ¿Anhela sinceramente el regreso de Cristo o se ha quedado dormido en la indiferencia y se ha distraído con preocupaciones mundanas?

- ¿Qué pasos puede dar para cultivar un corazón vigilante, alerta y listo para el regreso del Novio?

DÍA 23

SER TAN TALENTOSO

«Porque el reino de los cielos es como un hombre que al emprender un viaje, llamó a sus siervos y les encomendó sus bienes. Y a uno le dio cinco talentos (108 kilos de plata), a otro dos y a otro uno, a cada uno conforme a su capacidad; y se fue de viaje».

Mateo 25:14-15

Jesús regresará. Hasta entonces, nuestra labor es cuidar todo lo que Él nos ha confiado, obteniendo beneficios a lo largo del camino. Para ilustrar esta realidad innegociable, Jesús compartió la «Parábola de los talentos». En esta historia, un amo adinerado entregó diversas cantidades de dinero (talentos) a tres de sus siervos antes de partir de viaje. Al regresar, evaluó el uso que cada siervo había dado a sus talentos. Los dos primeros fueron elogiados por su ingenio y por duplicar su inversión. El tercer siervo, no tanto. Ese hombre enterró su talento en la tierra y no generó ganancias. Fue castigado severamente.

Cabe destacar que, en la economía actual, un talento equivale a un millón de dólares, más o menos. Uno no se encuentra por casualidad cinco o dos millones de dólares extra. Ganar esa cantidad de dinero requiere una planificación cuidadosa, riesgos calculados y mucha fe. Hay una razón por la que los dos primeros sirvientes estuvieron dispuestos a hacerlo: entendían lo que estaba en juego y sabían que rendirían cuentas.

También cabe destacar que el amo no le ordenó explícitamente a ninguno de ellos que *invirtieran* el dinero. Se lo *confió*; lo que, por definición, implica tener fe en alguien para que maneje una responsabilidad, tarea o posesión con confianza y competencia. ¿Cómo lo lograrían los sirvientes? Eso dependía de ellos. Aquí es donde todo se desmoronó para el hombre de un solo talento. Se le dio la oportunidad de elegir *cómo* manejaría su responsabilidad, no *si* lo haría.

A pesar de su razonamiento, no hay excusa. No recibió tanto como los otros dos sirvientes, pero aun así se le confió una cantidad desorbitada de dinero que presentaba un millón de posibilidades diferentes. Podría haber abierto una cafetería, una tienda de comestibles o un estudio de música, lo que se le antojara. Pero no. Como un niño engreído, se negó a cooperar y luego culpó al responsable por ser malo. «Pero llegando también el que había recibido un talento

(21.6 kilos) , dijo: "Señor, yo sabía que usted es un hombre duro, que siega donde no sembró y recoge donde no ha esparcido, y tuve miedo, y fui y escondí su talento en la tierra; mire, aquí tiene lo que es suyo"» (Mateo 25:24-25). Su decisión de enterrar el talento no fue una cuestión de reflexión cuidadosa, sino más bien una demostración de un corazón duro y resentido.

El talento que le fue otorgado finalmente le fue arrebatado, porque el hombre temía a un amo al que en realidad no conocía. Si les hubiera preguntado a los otros dos sirvientes por qué estaban tan ansiosos por trabajar tan duro, habría comprendido lo que estaba en juego: la extraordinaria oportunidad de complacer a su generoso amo, junto con la inmensa recompensa de conocerlo e invertir en su reino.

ENFOQUE DE ORACIÓN

Agradézcale a Dios por confiarle sus recursos y por depositar su confianza en usted para manejar responsabilidades, tareas y posesiones con seguridad y competencia. Pídale la valentía para dar un paso de fe. Agradézcale por capacitarlo para usar lo que le ha dado para su gloria.

DE AHORA EN ADELANTE

- ¿Cómo está usando los recursos, las habilidades y las oportunidades que Dios le ha confiado? ¿Se considera un buen administrador?

- ¿Se arriesga y se atreve a usar sus talentos y recursos para los propósitos de Dios? ¿O prefiere lo seguro para protegerse o incluso acaparar lo que Él le ha dado?

- ¿Se concentra en usar los recursos que Dios le ha dado al máximo de su capacidad o se compara con los demás y sus talentos?

DÍA 24

FE COMO LA DE UNA OVEJA

«El Rey les responderá: "En verdad les digo que en cuanto lo hicieron a uno de estos hermanos Míos, aun a los más pequeños, a Mí lo hicieron"».

Mateo 25:40

La forma en que tratamos a las personas marginadas, vulnerables e ignoradas juega un papel decisivo en nuestro destino eterno. Esto se debe a que expone nuestros corazones y revela si amamos a Jesús lo suficiente como para obedecer sus mandatos.

En la parábola de «Las ovejas y las cabras», Jesús describe una escena intensa en la que todas las naciones se reúnen ante él, el Rey, en el día del juicio. Divide a todos en dos grupos, tal como un pastor separa a las ovejas de las cabras. Las ovejas están a su derecha, representando a los justos, mientras que las cabras están a su izquierda, representando a los injustos.

El Rey elogia a las ovejas por su cuidado y sus actos de bondad hacia él: lo alimentaron cuando tenía hambre, le dieron agua cuando tenía sed, le dieron refugio cuando no tenía hogar, lo vistieron cuando estaba desnudo, lo cuidaron cuando estaba enfermo y lo visitaron cuando estaba en prisión. Perplejas por el elogio, las ovejas le preguntaron al Rey cuándo hicieron todas esas cosas por Él. El Rey respondió: «Les aseguro que todo lo que hicieron por uno de mis hermanos, aun por el más pequeño, lo hicieron por mí» (v. 40 NVI).

Por el contrario, las cabras fueron condenadas por su falta de cuidado y su inacción. No hicieron nada de eso por nadie. También confundidas, las cabras le preguntaron al Rey cuándo lo necesitaba, porque, por supuesto, ellas lo habrían ayudado. Él explicó: «Les aseguro que todo lo que no hicieron por el más pequeño de mis hermanos, tampoco lo hicieron por mí» (v. 45 NVI). Entonces Jesús termina la parábola con la aleccionadora declaración: «Aquellos irán al castigo eterno y los justos a la vida eterna» (v. 46 NVI).

No se equivoquen, Jesús es el Rey supremo de todas las personas, y Él toma la decisión final sobre la justicia, recompensa y castiga según corresponda. Pero también representa a los «más pequeños», de ahí el doble papel en esta parábola.

El punto que plantea es claro: los últimos son los primeros. El siervo es el mayor. El Rey se identifica con los más pequeños. Sirvan al Rey sirviendo a los más pequeños.

Nos encanta esto de Jesús y su reino al revés; simplemente nos cuesta aplicarlo en nuestra vida diaria. Claro, hablamos bastante de ello, especialmente en estudios bíblicos y grupos pequeños. Sin embargo, la acción posterior a menudo nos deja confundidos, porque, por supuesto, ayudaríamos a «los reyes» en nuestras comunidades, pero ¿a esas personas desnudas, enfermas, hambrientas y encarceladas? ¡Vamos! ¿Es eso siquiera seguro?

A pesar de nuestras excusas y nuestra búsqueda de comodidad personal, la fe como la de las ovejas se demuestra mediante actos de bondad. Cuidar de las personas marginadas, vulnerables e ignoradas expone nuestro corazón y revela que amamos a Jesús lo suficiente como para obedecer este mandato: servir al Rey sirviendo a los más pequeños. También indica nuestro destino eterno; no solo hablamos de amar a Jesús, sino de participar activamente en su reino invertido, para él y con él.

Y seremos recompensados como corresponde.

ENFOQUE DE ORACIÓN

Alabe a Dios por satisfacer las necesidades a través de personas compasivas y fieles. Pídale que le ayude a examinar cualquier conjetura, prejuicio o juicio que pueda tener hacia los demás y a cultivar un corazón compasivo. Agradézcale por permitirle el privilegio de satisfacer las necesidades de los demás.

DE AHORA EN ADELANTE

- ¿Su fe en Jesús lo motiva a cuidar de los necesitados?
- ¿Prioriza construir relaciones con quienes son marginados o ignorados?
- En la práctica, ¿cómo puede demostrar activamente su amor y compasión hacia quienes le rodean?

DÍA 25

INTENCIONES DE REALEZA

Cuando se acercaban a Jerusalén y llegaron a Betfagué y a Betania, junto al monte de los Olivos, Jesús envió a dos de sus discípulos con este encargo: «Vayan a la aldea que tienen enfrente. Tan pronto como entren en ella, encontrarán atado un burrito, en el que nunca se ha montado nadie. Desátenlo y tráiganlo acá. Y si alguien pregunta: "¿Por qué hacen eso?", díganle: "El Señor lo necesita y enseguida lo devolverá"».

MATEO 11:1-3 NVI

Traer ese burrito en particular no fue una decisión improvisada. La manera en que Jesús entró en Jerusalén se había planeado durante más de medio milenio, como lo indica la profecía de Zacarías: «¡Regocíjate grandemente, pueblo mío! ¡Grita de alegría, Jerusalén! ¡Tu rey viene montado sobre un burrito! ¡Es un rey justo y humilde, y viene a salvarte!» (Zacarías 9:9 NBV).

Los espectadores no necesariamente recordarían esa antigua profecía, pero tal vez apreciarían el simbolismo del asno y el mensaje que Jesús transmitía: era un rey humilde que había venido a traer la paz y la liberación que su pueblo tanto necesitaba.

Esta no era la primera vez que las intenciones reales de un rey se revelaban de esta manera. Después de que el rey David ungiera a su hijo Salomón como sucesor, Salomón montó una mula para simbolizar su ascenso pacífico al trono (1 Reyes 1:33-34). El propósito era asegurar al pueblo una transición de poder amistosa y un cambio significativo respecto al reinado de David, devastado por la guerra, en el que entró en la ciudad tras la victoria montado en un poderoso caballo de guerra. Por otro lado, el gesto humilde de Salomón equivalía a decir: «Pueden relajarse, pueblo, todo está bien en la tierra».

Los judíos del primer siglo habían esperado durante mucho tiempo el mismo consuelo. Así que, cuando vieron la entrada triunfal de Jesús en Jerusalén montado en un burro, vitorearon con gran entusiasmo. Finalmente, pensaron, se liberarían del dominio romano. Pero eso no tardó en cambiar. Cuando este rey, tan necesario, no cumplió con sus expectativas inmediatas, ya no lo quisieron. En pocos días, su adoración fue reemplazada por burla hasta que fue silenciada por su muerte.

En su momento perfecto, las intenciones de realeza de nuestro Rey serán reveladas una vez más por su medio de transporte. A diferencia de la primera vez, la segunda venida de Jesús no estará marcada por la humildad y la mansedumbre, sino que mostrará su máxima autoridad y soberanía sobre toda la creación.

«Luego vi el cielo abierto y apareció un caballo blanco. Su jinete se llama Fiel y Verdadero. Con justicia dicta sentencia y hace la guerra… En su manto y sobre el muslo lleva escrito este nombre: Rey de reyes y Señor de señores» (Apocalipsis 19:11, 16).

Esta entrada triunfal al mundo, montado en un caballo blanco, no será una decisión improvisada; se ha gestado durante miles de años. A lo largo de la historia, Dios ha cumplido constantemente sus promesas proféticas de paz y liberación, cuyo cumplimiento final será el regreso de nuestro Rey de reyes, el conquistador, en toda su gloria para derrotar el reino de tinieblas de Satanás, y establecer su justo gobierno. Este gesto amplio y poderoso equivaldrá a decir: «Pueden estar tranquilos, pueblo mío, todo estará bien en la tierra para siempre».

ENFOQUE DE ORACIÓN

Alabe a Dios por su Palabra profética y la gran cantidad de evidencia que ha recibido sobre el nacimiento, la vida, la muerte y la resurrección de Jesús. Pídale que anime su corazón hoy recordándole que sus planes prevalecerán. Dele gracias por cuidar cada detalle, durante miles de años.

DE AHORA EN ADELANTE

- El cumplimiento de la profecía nos recuerda que Dios es fiel y verdadero. ¿Cómo fortalece su confianza en las promesas el saber que Jesús entró en Jerusalén montado en un burro, un detalle profetizado hace más de quinientos años antes?

- ¿Cómo suele reaccionar cuando Jesús no cumple sus expectativas inmediatas? ¿Puede seguir alabando o sus vítores se convierten en silencio?

- ¿Cómo puede emular el ejemplo de humildad y mansedumbre de Jesús en sus interacciones con los demás?

DÍA 26

LA FE PARA PEDIR

«En verdad les digo que cualquiera que diga a este monte: "Quítate y arrójate al mar", y no dude en su corazón, sino crea que lo que dice va a suceder, le será concedido. Por eso les digo que todas las cosas por las que oren y pidan, crean que ya las han recibido, y les serán concedidas».

MARCOS 11:23-24

Santiago, el medio hermano de Jesús, escribió algo similar sobre la oración: «Pero debe pedirle a Dios con fe, sin dudar nada. El que duda es como una ola del mar que el viento se lleva de un lado a otro. No sabe lo que quiere, por lo tanto no debe esperar nada del Señor, pues el que duda es inestable en todo lo que hace» (Santiago 1:6-8 PDT).

Después de explicar que la oración contestada se concede

a las personas fieles y decididas, Santiago citó al profeta Elías para ilustrar su punto: «Elías fue un ser humano como cualquiera de nosotros, y pidió que no lloviera, y no llovió por tres años y medio. Después oró otra vez, llovió y la tierra produjo sus cosechas» (5:17-18 PDT).

Que conste que esa ferviente oración terminó haciendo la vida de Elías considerablemente menos cómoda. La sequía que siguió resultó en un rey enfurecido que buscó eliminar al responsable. Siguiendo las instrucciones de Dios, Elías se escondió en una cañada, donde los cuervos lo alimentaron hasta que el arroyo se secó.

Su siguiente parada fue la casa de una viuda indigente y su hijo, quienes apenas tenían suficiente harina y aceite de oliva para su última comida juntos antes de morir de hambre. Algo sumamente incómodo, cuando menos. Elías le pidió descaradamente que le diera la primera porción de su última comida. Y como ella realmente obedeció, «el recipiente de harina y la jarra de aceite nunca quedaron vacíos, tal como el SEÑOR dijo por medio de Elías» (1 Reyes 17:16 PDT).

La situación se intensificó para el extraño profeta cuando el niño falleció posteriormente a causa de una enfermedad. Elías oró para que Dios le devolviera la vida. Dios resucitó al niño y la mujer dijo: «Ahora sé que de verdad eres un hombre de Dios y sé que el SEÑOR verdaderamente habla por medio de ti» (1 Reyes 17:24 PDT).

Pasaron un par de años, y Dios le dijo a Elías que regresara y se presentara ante el rey que lo quería muerto. Esto condujo a lo que podría decirse que es el golpe de gracia de la oración de Elías: el enfrentamiento en el Monte Carmelo. Allí, invocó a Dios para que consumiera con fuego un enorme sacrificio de leña empapada tras hacerles esta pregunta a los israelitas idólatras: «¿Hasta cuándo seguirán dudando? Decidan si el SEÑOR es el Dios verdadero y entonces síganlo a él. Pero si Baal es el Dios verdadero, entonces sigan a Baal» (1 Reyes 18:21 PDT).

Una vez más, Dios respondió a la oración de Elías. El fuego del Señor quemó el sacrificio y todo lo que lo rodeaba. El pueblo se postró y clamó: «¡El SEÑOR es Dios! ¡El SEÑOR es Dios!» (1 Reyes 18:39 PDT).

Jesús les dijo a sus seguidores: «Por eso les digo que todas las cosas por las que oren y pidan, crean que ya las han recibido, y les serán concedidas» (Marcos 11:24). Al igual que Elías, los humanos solo podemos creer verdaderamente cuando no dudamos entre dos pensamientos diferentes. Podemos orar con audacia por cosas como la sequía, la lluvia, la comida, la resurrección y el fuego del cielo si: a) no dudamos de la capacidad de Dios, y; b) oramos fervientemente conforme a su voluntad. El resultado de tales oraciones rara vez resultará en un mayor consuelo personal, sino en que otros digan: «Sé que eres una persona de Dios, y que la palabra del Señor en tu boca es verdad. ¡El Señor es Dios! ¡El Señor es Dios!».

ENFOQUE DE ORACIÓN

Alabe a Dios por su poder y autoridad sobre todas las cosas. Pídale que alinee sus oraciones con su voluntad y que lo acerque a Él con fe inquebrantable. Dele gracias por dar generosamente a quienes le piden.

DE AHORA EN ADELANTE

- ¿Cómo su fe refleja su vida de oración? ¿Aborda la oración con confianza, sabiendo que Dios escucha y responde las oraciones de acuerdo a su voluntad?

- La mayoría de sus oraciones, ¿buscan su consuelo personal o buscan que otros reconozcan que «¡el Señor es Dios!»?

- Enumere las áreas de su vida en las que se encuentra indeciso. ¿Qué temas suelen generarle dudas?

DÍA 27

ADVERTENCIA

Entonces Jesús, seis días antes de la Pascua, vino a Betania donde estaba Lázaro, al que Jesús había resucitado de entre los muertos… Entonces la gran multitud de judíos se enteró de que Jesús estaba allí; y vinieron no solo por causa de Jesús, sino también por ver a Lázaro, a quien había resucitado de entre los muertos. Pero los principales sacerdotes resolvieron matar también a Lázaro; porque por causa de él muchos de los judíos se apartaban y creían en Jesús.

JUAN 12:1, 9-11

Los judíos esperaban a su Mesías, el Salvador profetizado en el Antiguo Testamento, que rescataría y restablecería la nación de Israel. En ese momento histórico particular, el pueblo de Dios anhelaba alivio de Roma, que los había conquistado en el año 63 a. C. y luego se instaló, ocupando la región y gravando al pueblo con impuestos exorbitantes. Impusieron la ley romana. Encarcelaron a quienes la incumplían. Oprimieron y controlaron a los judíos y, finalmente, hicieron honor a su reputación de tiranos.

Entra en el escenario Jesús, quien ciertamente no parecía un héroe conquistador. Era bondadoso y acogedor (Mateo 19:13-15; Lucas 9:11). Era discreto y apolítico (Isaías 53:1-3; Mateo 22:15-22; Juan 6:15). Era pobre y provenía de un pueblo remoto (Lucas 2:7; Juan 1:46; 2 Corintios 2:8-9). Era un líder siervo (Marcos 10:45; Filipenses 2:5-11); lo que significa que no encajaba en el perfil de un rey fuerte y liberador, del que hablaron los profetas cientos de veces a lo largo de siglos.

Y, sin embargo, Lázaro estaba vivo después de cuatro días de muerto (Juan 11:17-37), y algunos creían en Jesús, porque, por supuesto, creían en Él. ¿Qué otra explicación podría haber para su poder y autoridad, *incluso sobre la muerte*, sino que Él era el Mesías tan esperado? O quizás una pregunta más alineada a lo que sucedía: ¿Qué explicación podría haber para la *in*credulidad de los fariseos?

Es asombroso que los principales sacerdotes intentaran matar a Lázaro y a Jesús para sofocar la creencia, en lugar de comprender quién era Jesús en realidad. Pero también puede ser algo familiar, porque mucha gente encuentra maneras para no creer.

Y *nosotros* encontramos maneras para no creer.

Para algunos, no importa que Jesús fuera el cumplimiento de las profecías. O que predicara con autoridad sobrenatural. O que sanara enfermedades y liberara a endemoniados. O que resucitara a Lázaro de la tumba. O que Él mismo venciera a la muerte y resucitara tras ser crucificado por Roma y sepultado.

De hecho, la incredulidad persiste cuando los corazones humanos están endurecidos y son difíciles de convencer.

Ojalá nuestras propias presuposiciones y conclusiones erróneas sobre Jesús no nos impidan responderle como debemos. Ojalá nuestros corazones sean sensibles y estemos abiertos a ser sorprendidos y redirigidos por el Señor. Oh, que sus planes para nuestras vidas prevalezcan a pesar de nuestras debilidades y tendencias necias. Oh, que la gracia de Jesús nos mantenga cerca de Él, con visión clara y creyendo en Él hasta que lleguemos al cielo.

Oh, que esta historia de los fariseos nos sirva como una advertencia de lo que realmente podríamos ser capaces de hacer.

ENFOQUE DE ORACIÓN

Alabe a Dios por enviar a Jesucristo, el verdadero Mesías y Rey, quien lo ha liberado del pecado y la muerte. Ore para que su corazón sea sensible ante la verdad y para que cualquier idea errónea preconcebida que aún tenga sea revelada y liberada. Agradézcale por ayudarle a creer en Él para salvación y pídale su ayuda con cualquier duda, temor o incredulidad que aún tenga.

DE AHORA EN ADELANTE

- ¿Qué presuposiciones ha tenido sobre quién es, no es o «debería» ser Jesús?

- ¿Cómo ha interferido su incredulidad en su caminar con Él?

- Lea Isaías 53 y haga una lista de quién dice la Biblia que es Jesús.

DÍA 28

PRINCIPIO DEL ~~FIN~~ PRINCIPIO

Al día siguiente, muchos de los que habían ido a la fiesta se enteraron de que Jesús iba camino a Jerusalén. Entonces tomaron ramas de palma y salieron a recibirlo, gritando: «¡Hosanna! ¡Bendito el que viene de parte del Señor! ¡Bendito el Rey de Israel!». Jesús encontró un burrito y se montó en él, como dice la Escritura: «No tengas miedo, oh ciudad de Sion; aquí viene tu rey, montado sobre un burrito». Al principio, sus discípulos no entendieron lo que estaba pasando. Pero después que Jesús fue glorificado, se acordaron de que todo lo que le habían hecho ya estaba escrito, y se refería a él.

JUAN 12:12-16 NBV

La entrada triunfal de Jesús, como se le conoce, está registrada en los cuatro Evangelios. Así que, sin duda, es algo muy importante. Y para comprenderla plenamente, debemos analizar su contexto con más detenimiento. Aquí hay algunos datos curiosos:

1. Hasta ese momento, Jesús tenía un *modus operandi* muy diferente, ya que constantemente les decía a quienes lo rodeaban que mantuvieran su identidad en secreto (Mateo 16:20; Marcos 1:34, 40-44, 8:29-30; Lucas 9:20-21… solo por nombrar algunos). Pero de repente, resucitaba públicamente a los muertos (Juan 11:38-44), permitiéndose ser venerado y ungido con aceite costoso delante de muchos testigos (Juan 12:1-8), y haciendo alarde de su entrada en la ciudad (Mateo 21:6-9; Marcos 11:7-10; Lucas 19:35-38).

   De hecho, los líderes religiosos le ordenaron a Jesús que reprendiera a las multitudes porque lo adoraban y decían: «¡Bendito el Rey que viene en el nombre del Señor! ¡Paz en el cielo y gloria en las alturas!»… Pero Él respondió: «Les digo que si estos se callan, las piedras clamarán». (Lucas 19:38, 40).

   Así que, ciertamente, Él estaba creando un gran espectáculo.

2. Jesús había declarado previamente que su tiempo aún no había llegado (Juan 2:4, 7:6). Pero Lucas 9:51 dice: «Sucedió que cuando se cumplían los días de Su ascensión, Jesús, con determinación, afirmó Su rostro

para ir a Jerusalén». Y cuando finalmente llegó ese momento, Mateo 21:1-3 describe cómo Jesús preparó todo: «Cuando se acercaron a Jerusalén… Jesús entonces envió a dos discípulos, diciéndoles: «Vayan a la aldea que está enfrente de ustedes, y enseguida encontrarán un asna atada y un pollino con ella; desátenla y tráiganlos a Mí. Y si alguien les dice algo, digan: "El Señor los necesita"; y enseguida los enviará».

En otras palabras, como en todo lo que Dios planea y se propone, el tiempo lo era todo. Es decir, no era el momento… hasta que lo fue.

3. Esta manifestación pública tuvo lugar durante la Pascua, la fiesta más concurrida de toda Jerusalén. Los historiadores dicen que podría haber más de un millón de peregrinos en la ciudad.

   Jesús lo hizo a lo grande, ¿no?

Del contexto más amplio y la forma intencional en que Jesús interactuó con la gente, incluyendo a los líderes religiosos, se desprende claramente que sabía que el principio del fin estaba cerca.

Corrección: Él sabía que el principio del *principio* estaba cerca. Específicamente, que estaba abriendo el camino para que la salvación llegara a todos los que creyeran en su muerte en la cruz, su resurrección de entre los muertos y la vida eterna ahora disponible para ellos a través de Él.

Por nuestro bien, Jesús fijó sus ojos en el Calvario junto con la vida que existe más allá de este plano terrenal.

«Por tanto, puesto que tenemos en derredor nuestro tan gran nube de testigos, despojémonos también de todo peso y del pecado que tan fácilmente nos envuelve, y corramos con paciencia la carrera que tenemos por delante, puestos los ojos en Jesús, el autor y consumador de la fe, quien por el gozo puesto delante de Él soportó la cruz, despreciando la vergüenza, y se ha sentado a la diestra del trono de Dios» (Hebreos 12:1-2).

ENFOQUE DE ORACIÓN

Alabe a Jesús porque es el Rey de reyes y merece la adoración de su pueblo batiendo sus palmas. Alábelo por soportar la cruz. Alábelo por elegir nuestra seguridad eterna por encima de lo que Él realmente merecía. Alábelo por someterse al plan de Dios, aunque le costara todo.

¡Alábelo!

DE AHORA EN ADELANTE

- Lea Hebreos 12:1-3. ¿Cómo impacta su corazón la determinación de Cristo de soportar la cruz por usted?

- «...quien por el gozo puesto delante de Él soportó la cruz...». Jesús fijó su vista hacia Jerusalén y el sacrificio que haría allí; es cierto. Pero también pudo ver el gozo que estaba más allá de esa cruz. Según Juan 3:16-18, ¿cuál es ese gozo?

- El tiempo de Dios es perfecto, pero eso no significa que sus planes no incluyan el sufrimiento. ¿Cómo impacta el sufrimiento de Cristo, y el propósito que conlleva, en la forma en que ve su propio sufrimiento?

DÍA 29

VIDA DESPUÉS DE LA MUERTE

Entre los que habían subido a adorar en la fiesta había algunos griegos. Estos se acercaron a Felipe, que era de Betsaida de Galilea, y le pidieron: "Señor, queremos ver a Jesús". Felipe fue a decírselo a Andrés y ambos fueron a decírselo a Jesús. "Ha llegado la hora de que el Hijo del hombre sea glorificado —afirmó Jesús—. Les aseguro que, si la semilla de trigo no cae en tierra y muere, se queda solo. Pero si muere, produce mucho fruto. El que ama su vida la pierde; en cambio, el que aborrece su vida en este mundo la conserva para la vida eterna. Quien quiera servirme debe seguirme; y donde yo esté, allí también estará mi siervo. A quien me sirva, mi Padre lo honrará".

JUAN 12:20-26 NVI

La gente, tanto judía como gentil, buscaba a Jesús porque había escuchado que Lázaro había resucitado (Juan 12:18). La gente solía buscar a Jesús por lo que podía hacer por ella. Quería ver más señales y prodigios (Mateo 12:38-39; Juan 6:1-2). Quería comida gratuita, como los panes y los peces que Él proveyó milagrosamente a las multitudes (Juan 6:24-26). Quería ver a qué se debía todo el alboroto (Mateo 16:13-14).

Definitivamente no todos estaban allí, porque quisieran conocerlo realmente. Ni unirse a sus seguidores. Ni sacrificar su tiempo, sus recursos y sus planes por la causa. No estaban allí, porque estuvieran dispuestos a someterse a Jesús, e ir adonde Él iba que, por cierto, era a la cruz del Calvario. Y definitivamente, no estaban allí para escuchar que, para vivir de verdad, ellos también tendrían que morir.

A decir verdad, la mayoría de nosotros no queremos oír, ni hacer ninguna de esas cosas.

Pero Jesús había decidido ir a Jerusalén (Lucas 9:51), el lugar donde sabía que sería crucificado. El lugar donde la *vida después de la muerte* se haría posible, y el momento en el que todo el mensaje del evangelio tendría cumplimiento. De hecho, estaba llegando el tiempo de mostrarle a la gente su poder y autoridad sobrenaturales, y el tiempo de mostrar a sus seguidores lo que realmente significaba seguirle, estaba cerca.

«El que ama su vida la pierde; en cambio, el que aborrece su vida en este mundo la conserva para la vida eterna» (Juan 12:25 NVI). Si amamos tanto nuestra vida que no nos sometemos a los propósitos y planes de Dios, pasaremos la eternidad sin Él. Si *odiamos* nuestras vidas —es decir, si elegimos a Jesús y lo seguimos solo a Él— pasaremos la eternidad con Él.

En resumen, nuestra vida terrenal debe volverse menos importante que la eterna.

«Quien quiera servirme debe seguirme; y donde yo esté, allí también estará mi siervo» (v. 26 NVI). Seguir a Jesús significa no guiar, lo cual parece obvio; pero en la práctica es realmente difícil. Para los primeros discípulos, significó literalmente convertirse en mártires: hombres que no estuvieron dispuestos a renunciar públicamente a Jesús para salvar sus vidas. En la actualidad, y en ciertas partes del mundo, todavía puede significar eso. Pero para la mayoría de nosotros, significa obedecer la Palabra de Dios a diario, dejar de lado nuestras propias ideas de lo que parece bueno, correcto o justo, y seguirlo a Él. Significa ceder. Significa rendirse. Significa responder como Él lo hace, amar como Él lo hace, sacrificarse, perdonar y servir como Él lo hace.

En resumen, nuestra vida terrenal debe volverse menos importante que la eterna.

«A quien me sirva, mi Padre lo honrará» (v. 26 NVI). El Padre honró a su Hijo: Jesús resucitó de entre los muertos, ascendió al cielo y ahora está sentado a la diestra del Padre, donde reinará por toda la eternidad (Hebreos 1). Y un día toda rodilla se doblará y toda lengua confesará que Jesucristo es el Rey de reyes y Señor de señores (Filipenses 2:9-11).

De la misma manera, Dios ha prometido exaltar y honrar a los seguidores de Jesús. En vista de esto, ¿cómo podría nuestra vida terrenal volverse menos importante que la eterna?

ENFOQUE DE ORACIÓN

Alabe a Jesús por morir voluntariamente por sus pecados y por mostrar el camino al cielo (¡a Él mismo!). Dele gracias por su paciencia mientras aprende a valorar las cosas eternas por encima de las temporales. Pida su ayuda para vivir cada vez más para Él, mientras fija su mirada en el cielo y en el gozo que le espera a quienes deciden seguirlo.

DE AHORA EN ADELANTE

- ¿Cuáles son algunas de las razones (buenas o malas) por las que sigue a Jesús?

- ¿A qué está siendo guiado o impulsado para hacer en esta etapa de la vida?

- ¿De qué manera se está sometiendo a su liderazgo? ¿De qué maneras resiste que Él lo guíe?

DÍA 30

ALMA ANGUSTIADA

«Ahora mi alma está angustiada, ¿y acaso voy a decir: "Padre, sálvame de esta hora difícil"? ¡Si precisamente para afrontarla he venido! ¡Padre, glorifica tu nombre!». Se oyó entonces, desde el cielo, una voz que decía: «Ya lo he glorificado y volveré a glorificarlo».

JUAN 12:27-28 NVI

Hay algo verdaderamente hermoso en que Jesús reconociera que su alma estaba angustiada, especialmente considerando la determinación que había demostrado hasta ese preciso momento: a) Él había fijado sus ojos en Jerusalén (Lucas 9:51); b) declaró que había «llegado la hora de que el Hijo del Hombre sea glorificado» (Juan 12:23); y, c) acababa de decirles a sus discípulos que, para vivir verdaderamente, ellos tendrían que morir así como él (v. 24), y que seguirlo significaba entregarlo todo para obtener lo que Dios ha reservado para los creyentes (vv. 25-26).

Sin embargo, a medida que se acercaba el momento de su muerte literal, también lo embargaban sentimientos de miedo, junto con un fuerte deseo de *no* ser torturado, ni asesinado. De hecho, la noche en que fue arrestado por los romanos en el huerto de Getsemaní, oraba, suplicaba y se angustiaba por lo que estaba por venir.

«Fueron a un lugar llamado Getsemaní y Jesús dijo a sus discípulos: "Siéntense aquí mientras yo oro". Se llevó a Pedro, a Santiago y a Juan, y comenzó a sentir temor y angustia. "Es tal la angustia que me invade que me siento morir —dijo—. Quédense aquí y manténganse despiertos". Yendo un poco más allá, se postró en tierra y empezó a orar que, de ser posible, no tuviera él que pasar por aquella hora. Decía: "*Abba*, Padre, todo es posible para ti. No me hagas beber este trago amargo; pero no sea lo que yo quiero, sino lo que quieres tú". Luego volvió a sus discípulos y los encontró dormidos. "Simón —dijo a Pedro—, ¿estás dormido? ¿No pudiste mantenerte despierto ni una hora?" [...] Una vez más se retiró e hizo la misma oración. Cuando volvió, otra vez los encontró dormidos, porque se les cerraban los ojos de sueño. No sabían qué decirle. Al volver por tercera vez, les dijo: "¿Siguen durmiendo y descansando? ¡Se acabó! Ha llegado la hora. Miren, el Hijo del hombre va a ser entregado en manos de pecadores.

¡Levántense! ¡Vámonos! ¡Ahí viene el que me traiciona!”» (Marcos 14:32-37, 39-42 NVI).

Fue una escena terrible y trágica, lo que nos lleva a preguntarnos:

¿Por qué es hermoso que Jesús reconociera su propia alma angustiada?

Porque significa que no hay nada en su vida que Él no entienda. Nada que Él no haya sentido y experimentado en carne propia, incluyendo las cosas más duras y desgarradoras como el miedo, el temor, la traición, el abandono, el dolor físico, la tristeza, la soledad, la angustia e incluso la muerte.

Pero ¿qué hizo *a pesar de* estar angustiado?

Él se entregó porque la cruz y nuestra salvación eran el propósito por el cual vino a este mundo. Le pidió a Dios que apartara la copa del Calvario, es cierto. Pero a continuación, dijo: «pero no se haga Mi voluntad, sino la Tuya» (Lucas 22:42).

ENFOQUE DE ORACIÓN

Alabe a Jesús por ir a la cruz a pesar de su deseo de no hacerlo. Dele gracias por Él ser fiel a la voluntad de Dios y, por consiguiente, salvarlo a usted. Ore para que sea como Él, que tenga determinación y valentía para seguirlo, y se mantenga fiel incluso cuando su alma esté angustiada.

DE AHORA EN ADELANTE

- ¿Qué le preocupa ahora mismo?

- ¿Cómo le anima la respuesta de Cristo a su propia consternación?

- Jesús fue sincero sobre sus sentimientos, pero aun así oró: «Padre, glorifica tu nombre». ¿Está usted haciendo lo mismo? ¿Cómo puede buscar su gloria en medio de sus circunstancias difíciles?

DÍA 31

GLORIA DEL HOMBRE

Sin embargo, muchos, aun de los gobernantes, creyeron en Él [Jesús], pero por causa de los fariseos no lo confesaban, para no ser expulsados de la sinagoga. Porque amaban más el reconocimiento de los hombres que el reconocimiento de Dios.

Juan 12:42-43

No es de extrañar que mucha gente, incluyendo a las autoridades, creyera en secreto en Jesús. Después de todo, Él realizaba señales y prodigios: sanaba a enfermos, cojos, ciegos y sordos, expulsaba los demonios e incluso resucitaba muertos.

«Y Jesús iba por toda Galilea, enseñando en sus sinagogas,

proclamando el evangelio del reino, y sanando toda enfermedad y toda dolencia en el pueblo. Se extendió Su fama por toda Siria; y traían a Él todos los que estaban enfermos, afectados con diversas enfermedades y dolores, los endemoniados, epilépticos y paralíticos, y Él los sanaba» (Mateo 4:23-24).

También enseñaba con autoridad sobrenatural. «Entraron en Capernaúm y tan pronto como llegó el sábado, Jesús fue a la sinagoga y se puso a enseñar. Y se admiraban de Su enseñanza; porque les enseñaba como quien tiene autoridad, y no como los escribas» (Marcos 1:21-22).

Así que, no, no era sorprendente que la gente creyera en Jesús. Lo que *es* sorprendente es que la creencia genuina en Jesús como Señor no invalide el deseo de ser aceptados por quienes no creen. Y en este caso, para algunos era más importante mantener una buena posición social que entregarse a Jesús y ser expulsados de la sinagoga.

¿Le suena familiar? Debería, porque si bien existen muchas diferencias entre nuestra cultura moderna y el judaísmo del primer siglo, experimentamos los mismos deseos que ellos; principalmente, si queremos encajar. Si queremos ser parte de una comunidad y sentir que pertenecemos. Si queremos ser incluidos en los círculos sociales adecuados, y ser «expulsado de la sinagoga» que significaba lo contrario. Esto significaba ser excomulgado del edificio y también de la gente. Se consideraba vergonzoso para una persona y toda su familia, parecido a llevar una marca despreciable. Además, lamentablemente, ser expulsado de la esfera pública resultó ser demasiado para algunos que querían seguir a Jesús.

Lo cierto es que la creencia privada u oculta no basta. Romanos 10:9-10 dice «que si confiesas con tu boca a Jesús por Señor, y crees en tu corazón que Dios lo resucitó de entre los muertos, serás salvo. Porque con el corazón se cree para justicia, y con la boca se confiesa para salvación».

La fe en Jesús y en su sacrificio en la cruz como pago por nuestros pecados es lo que se requiere para ser salvo y ser declarado justo por Dios (Romanos 6:23). Pero nuestra disposición a confesar verbalmente nuestra fe en su señorío es parte del proceso (1 Juan 4:15), porque claro que lo es. Después de todo, creer que Jesús es Señor de todo, incluye nuestra posición social.

Y debemos confiar en Él *incluso* con eso.

ENFOQUE DE ORACIÓN

Alabe a Jesús por las señales y prodigios que demuestran su señorío y le ayudan a creer. Asimismo, alábelo por sus palabras vivificantes y transformadoras. Ore para que tenga oportunidades de confesar su fe en Jesús a otros: a) por el bien de ellos, para que también crean; y, b) por su bien, para que deje de tener miedo de decirles a otros que lo que cree es verdadero.

DE AHORA EN ADELANTE

- ¿Cómo su deseo de pertenecer, encajar y ser aceptado por los demás pondría en peligro su relación con Jesús?

- ¿Qué oportunidades ha tenido para confesar públicamente su fe? ¿Las ha aprovechado? ¿Las ha evitado? Explique.

- Primera de Juan 4:10-15 enseña: «En esto consiste el amor: no en que nosotros hayamos amado a Dios, sino en que él nos amó y envió a su Hijo para que fuera ofrecido como sacrificio por el perdón de nuestros pecados. Queridos hermanos, ya que Dios nos ha amado así, también nosotros debemos amarnos los unos a los otros. Nadie ha visto jamás a Dios, pero si nos amamos los unos a los otros, Dios permanece entre nosotros y entre nosotros su amor se ha manifestado plenamente. De esta forma sabemos que permanecemos en él y que él permanece en nosotros: porque nos ha dado de su Espíritu. Y nosotros hemos visto y damos testimonio que el Padre envió a su Hijo para ser el Salvador del mundo. Si alguien confiesa públicamente que Jesús es el Hijo de Dios, Dios permanece en él y él en Dios» (NVI).

  ¿Por qué debería su amor por los demás impulsarlo a testificar públicamente (a hablar, a dar testimonio, a proclamar) que Jesús es el Hijo de Dios y el Salvador del mundo?

DÍA 32

UNA VISIÓN A LARGO PLAZO

«Yo he venido como una luz para brillar en este mundo de oscuridad, a fin de que todos los que pongan su confianza en mí no queden más en la oscuridad. No voy a juzgar a los que me oyen pero no me obedecen, porque he venido para salvar al mundo y no para juzgarlo. Pero todos los que me rechazan a mí y rechazan mi mensaje serán juzgados el día del juicio por la verdad que yo he hablado. Yo no hablo con autoridad propia; el Padre, quien me envió, me ha ordenado qué decir y cómo decirlo. Y sé que sus mandatos llevan a la vida eterna; por eso digo todo lo que el Padre me indica que diga».

JUAN 12:46-50 NBV

Jesús enseñó la verdad. Esto significa que también expresó cosas difíciles de aceptar. Él habló en parábolas y desafió a sus seguidores, a pesar del *statu quo*. Una y otra vez, trastocó la situación al no respetar las prácticas religiosas de la época, provocando que las autoridades y la gente común simplemente no aceptara sus difíciles enseñanzas (Mateo 13:53-58, 23:1-39), incluyendo: «Si alguno oye Mis palabras y no las guarda, yo no lo juzgo; porque no vine a juzgar al mundo, sino a salvar al mundo» (Juan 12:47). Y ese no es el único versículo de la Biblia donde se distingue el tiempo de acoger a la gente y compartir el evangelio del tiempo del juicio venidero:

«Porque Dios no envió a Su Hijo al mundo para juzgar al mundo, sino para que el mundo sea salvo por Él. El que cree en Él no es condenado; pero el que no cree, ya ha sido condenado, porque no ha creído en el nombre del unigénito Hijo de Dios» (Juan 3:17-18).

«Enderezándose Jesús, le dijo: "Mujer, ¿dónde están ellos? ¿Ninguno te ha condenado?". "Ninguno, Señor", respondió ella. Entonces Jesús le dijo: "Yo tampoco te condeno. Vete; y desde ahora no peques más» (Juan 8:10-11).

«El Señor no se tarda en cumplir Su promesa, según algunos entienden la tardanza, sino que es paciente para con ustedes, no queriendo que nadie perezca, sino que todos vengan al arrepentimiento» (2 Pedro 3:9).

«Pero tú, ¿por qué juzgas a tu hermano? O también, tú, ¿por qué desprecias a tu hermano? Porque todos compareceremos ante el tribunal de Dios. Porque está escrito: "Vivo

Yo, dice el Señor, que ante Mí se doblará toda rodilla, y toda lengua alabará a Dios"» (Romanos 14:10-11).

Claramente, se acerca un día de juicio donde todos rendirán cuentas (Apocalipsis 11:18); pero según Jesús, ese día *no* es hoy. Hoy es el día de compartir las buenas nuevas del evangelio, acoger a los pecadores y ofrecer consuelo a los que sufren. Es el día de plantar semillas de fe y ser pacientes a medida que crecen, regar, discipular, perdonar y extender la misma paciencia y gracia que Dios nos ha brindado tan generosamente.

Jesús les dijo a las personas la verdad sobre quién es Él. Afirmó ser el Hijo de Dios (Juan 5:18) y el único camino al cielo (Juan 14:6). Expuso el pecado, predicó el arrepentimiento (Mateo 4:17; 5:21-48) y explicó que seguirlo implicaba confiar en sus caminos y someterse a su voluntad (Lucas 9:23). Pero ni siquiera les impuso un juicio severo ni definitivo a quienes estuvieron en contacto con Él. Claro que corrigió a los fariseos y los regañó públicamente por ser una carga para el pueblo, juzgándolos y castigándolos injustamente, y haciendo mal juicio y subestimando el pecado en sus propios corazones.

Pero se abstuvo de condenarlos. Acogió a los pecadores y comió con los recaudadores de impuestos y aquellos considerados aborrecibles e irredimibles, porque *tenía una visión a largo plazo* (Mateo 9:10-13), y porque su bondad amorosa lleva a las personas al arrepentimiento (Romanos 2:4). Además, «el Señor es misericordioso y compasivo, lento para enojarse y lleno de amor inagotable. El Señor es bueno con todos; desborda compasión sobre toda su creación» (Salmos 145:8-9 NTV).

ENFOQUE DE ORACIÓN

Agradézcale a Dios por su amorosa bondad y paciencia con usted. Confiese las maneras en que no está mostrando esa misma gracia hacia los demás. Pídale por oportunidades para compartir a Jesús con las personas a su alrededor que necesitan desesperadamente sentirse bienvenidas y amadas.

DE AHORA EN ADELANTE

- ¿Cómo la bondad amorosa de Dios lo ha llevado a arrepentirse?

- ¿Quién en su vida necesita sentirse bienvenido y no condenado?

- Es fácil desestimar a las personas por sus pecados; es mucho más difícil permanecer en la vida de una persona que lucha, cuidándola, perdonándola, diciéndole la verdad según la guía del Espíritu Santo, siendo paciente y tolerante, tal como Dios lo ha sido y sigue siendo con nosotros. ¿De qué manera puede mostrar el amor a largo plazo hoy?

DÍA 33

BAJO LA INFLUENCIA

Llegó la hora de la cena. El diablo ya había incitado a Judas Iscariote, hijo de Simón, para que traicionara a Jesús.

JUAN 13:2 NVI

La motivación específica de Judas para traicionar a Jesús es objeto de debate. La avaricia fue un factor, por supuesto, pero treinta piezas de plata no era mucho a cambio del hombre más buscado de la historia. Es posible que él también anhelara una revolución política y se retirara al darse cuenta de que nunca sucedería. O tal vez estaba harto de acampar o temía ser martirizado. Nadie lo sabe con certeza.

Pero esto es lo que sí sabemos: los pensamientos y

acciones posteriores de Judas estaban decisivamente bajo la influencia de Satanás. La mentira fundamental sobre la que Satanás construyó su caso fue que Judas no necesitaba a Jesús. Todo lo demás es irrelevante. Justo en el momento oportuno, Satanás plantó esta idea en el corazón de Judas: esta es tu oportunidad, toma el control y *sálvate*.

Satanás es astuto en ese aspecto. Y no tenemos que estar en una situación tan extrema como la de Judas para ser vulnerables. El enemigo nos estudia y es muy consciente de los pensamientos específicos que captan nuestra atención. No solo comprende perfectamente nuestras debilidades individuales, sino que también sabe cómo hemos fallado en el pasado. Sin embargo, en última instancia, su verdadera táctica reside en impulsarnos a hacer la pregunta siempre crucial: ¿Qué gano yo con esto?

Adivinen qué les preguntó Judas a los principales sacerdotes en la reunión que organizó para la traición: «¿Qué están dispuestos a darme para que yo les entregue a Jesús?» (Mateo 26:15). Resulta que solo treinta piezas de plata. Con el dinero en mano, Judas no perdió tiempo en buscar la oportunidad de entregar a Jesús a las autoridades. Probablemente se sentía bastante seguro y en control de la situación en ese momento.

El engaño tiene ese efecto.

Si Judas hubiera escuchado las enseñanzas de Jesús, habría sabido quién estaba realmente al mando desde el principio. Desde entonces, Jesús comenzó a mostrar a sus discípulos que le era necesario ir a Jerusalén y padecer mucho de parte de los ancianos, de los principales sacerdotes y de los escribas, y morir y resucitar al tercer día (Mateo 16:21).

De hecho, Jesús compartió su propio destino en numerosas ocasiones con Judas antes de que este lo traicionara. Jesús no pudo haber sido más claro. Tras exponer la motivación específica de Satanás para hurtar, matar y destruir (Juan 10:10), dijo a sus discípulos: «Nadie me la quita, sino que Yo la doy de Mi propia voluntad. Tengo autoridad para darla, y tengo autoridad para tomarla de nuevo. Este mandamiento recibí de Mi Padre» (Juan 10:18).

Judas podría haber creído que los pensamientos y las acciones posteriores de Jesús estaban decisivamente bajo la influencia de su Padre celestial. Pero no lo creyó. Tampoco aceptó la verdad primordial sobre la que Dios fundamenta su argumento: todos necesitamos desesperadamente a Jesús. *Eso* es lo que nos espera: un Salvador. Y es la razón por la que Dios, con compasión, susurra a cada corazón humano: «Esta es tu oportunidad. Cede el control y permite que Jesús te salve».

ENFOQUE DE ORACIÓN

Alabe a Dios por conocer el principio y el fin, y todo lo demás, y por tener el control de cada aspecto. Pídale que le revele cualquier área en la que no esté completamente entregado y sea susceptible a la influencia e incitación del enemigo. Dele gracias por el amor y la compasión que ha susurrado en su corazón.

DE AHORA EN ADELANTE

- ¿Cuándo fue la última vez que evaluó quién influía en sus pensamientos y acciones? Esto podría ayudarle: ¿Con qué frecuencia se pregunta a sí mismo: *¿Qué gano yo con esto?*

- ¿Qué pensamientos o tácticas específicas usa el enemigo para captar su atención: avaricia, comodidad, control, miedo, autosuficiencia?

- Jesús expuso la motivación de Satanás que era hurtar, matar y destruir justo antes de explicar que Él tenía el control de todo. ¿Qué aspecto de la guerra espiritual le resulta más difícil de aceptar: cuánto desea el enemigo destruirlo o cuán plenamente capaz es Jesús de protegerlo?

DÍA 34

LA HORA
PARTE 1

Se acercaba la fiesta de la Pascua. Jesús sabía que le había llegado la hora de abandonar este mundo para volver al Padre. Y habiendo amado a los suyos que estaban en el mundo, los amó hasta el fin. Llegó la hora de la cena. El diablo ya había incitado a Judas Iscariote, hijo de Simón, para que traicionara a Jesús. Sabía Jesús que el Padre había puesto todas las cosas bajo su dominio, y que había salido de Dios y a él volvía; así que se levantó de la mesa, se quitó el manto y se ató una toalla a la cintura. Luego echó agua en un recipiente y comenzó a lavarles los pies a sus discípulos y a secárselos con la toalla que llevaba a la cintura.

Juan 13:1-5 NVI

Muchas cosas suceden en esta escena.

Jesús sabía que su hora de partir había llegado. Sabía que sus seres queridos estaban a punto de afrontar el día más oscuro de sus vidas. Sabía que su madre sufriría. Y que Él sufriría. Sabía que su amigo Judas ya lo había traicionado por treinta piezas de plata. Sabía que, tras su inminente muerte y resurrección, los discípulos tendrían que continuar la obra, y que la mayoría serían asesinados por ello.

También sabía que iba a su verdadero hogar.

Piensen en ello. El Creador y Rey del universo dejó su trono en el paraíso celestial, donde existía en perfecta armonía como el Dios Trino (Dios en tres personas: Padre, Hijo y Espíritu Santo), rodeado de ángeles que lo adoraban constantemente *como merecía*.

Y lo hizo para ESTE momento.

Y ese momento había llegado.

Rodeado de sus seguidores, Jesús hizo lo único que quedaba por hacer: amarlos profundamente y demostrarles cómo tendrían que amar a los demás una vez que Él ya no estuviera. Les dejaba a ellos, y a nosotros, una imagen imborrable de cómo Él vino a servir y no a ser servido, lo cual se haría aún más evidente en las siguientes horas, mientras se desangraba y moría por los pecados del mundo.

Ese no es el tipo de amor al que estamos acostumbrados. Estamos más familiarizados con el amor recíproco: dar y recibir. Y recibir. Y recibir. Tampoco era a lo que los discípulos estaban acostumbrados, y Simón Pedro no lo toleraba: «Cuando llegó a Simón Pedro, este dijo: —¿Y tú,

Señor, me vas a lavar los pies a mí? —Ahora no entiendes lo que estoy haciendo —respondió Jesús—, pero lo entenderás más tarde. —¡No! —protestó Pedro—. ¡Jamás me lavarás los pies! Jesús contestó: —Si no te los lavo, no tendrás parte conmigo. Simón Pedro dijo: —Entonces, Señor, ¡no solo los pies, sino también las manos y la cabeza!» (Juan 13:6-9 NVI).

En esta última hora, Jesús dedicó su tiempo a mostrar el verdadero amor, lo que significó dar una lección práctica sobre: 1) qué es realmente el amor, y 2) qué sucede si lo rechazamos. Debemos recibir el amor perfecto de Cristo, que transforma vidas, purifica el alma y nos asegura la eternidad si queremos seguirlo hasta el cielo.

ENFOQUE DE ORACIÓN

Medite en cómo Cristo lo ama. Dele gracias porque lo ama de todas las maneras que usted no merece, pero que aun así recibe, porque Él ha decidido darle ese amor; es quien Él es. Es quien Él siempre ha sido, así que recíbalo. Recíbalo. Recíbalo.

DE AHORA EN ADELANTE

- El lavatorio de pies era una práctica que realizaba el sirviente más humilde de la casa. ¿Qué dice de Jesús esta manera específica que eligió de amar y servir a sus seguidores?

- ¿Cómo explica Filipenses 2:5-8 lo que Jesús tuvo que renunciar para venir a este mundo a amar y servir?

- El tiempo es precioso y fugaz para todos. ¿Cómo podría usar parte de su tiempo hoy para mostrar el amor de Cristo? Piénselo. Ore al respecto. Sea específico. Y luego, hágalo.

DÍA 35

LA HORA PARTE 2

Después de lavarles los pies, se puso otra vez el manto, se sentó y preguntó: «¿Entienden lo que acabo de hacer? Ustedes me llaman "Maestro" y "Señor" y tienen razón, porque es lo que soy. Y, dado que yo, su Señor y Maestro, les he lavado los pies, ustedes deben lavarse los pies unos a otros. Les di mi ejemplo para que lo sigan. Hagan lo mismo que yo he hecho con ustedes. Les digo la verdad, los esclavos no son superiores a su amo ni el mensajero es más importante que quien envía el mensaje. Ahora que saben estas cosas, Dios los bendecirá por hacerlas».

JUAN 13:12-17 NVI

Para un contexto más colorido en estos momentos de la hora final, el evangelio de Lucas incluye que los discípulos estaban discutiendo sobre quién de ellos era el más importante. Increíble, ¿verdad? El contexto en el que Jesús expresaba sus pensamientos de despedida camino a la cruz, también fue escenario de una conversación bastante inapropiada durante la última cena.

Y Jesús no estuvo dispuesto a aceptarla.

«Después comenzaron a discutir quién sería el más importante entre ellos. Jesús les dijo: "En este mundo, los reyes y los grandes hombres tratan a su pueblo con prepotencia; sin embargo, son llamados 'amigos del pueblo'. Pero entre ustedes será diferente. El más importante de ustedes deberá tomar el puesto más bajo, y el líder debe ser como un sirviente. ¿Quién es más importante: el que se sienta a la mesa o el que la sirve? El que se sienta a la mesa, por supuesto. ¡Pero en este caso no!, pues yo estoy entre ustedes como uno que sirve"» (Lucas 22:24-27 NTV).

Los muchachos se habían desviado del camino, y Jesús les mostró el error de sus razonamientos mediante la humillación. Al humillarse a sí mismo. Al mostrar su bondad a través del servicio. Al amar literalmente a los suyos hasta el fin (Juan 13:1).

El lavar los pies a los discípulos simbolizaba el sacrificio venidero. «Él nos salvó, no por las obras de justicia que nosotros hubiéramos hecho, sino conforme a Su misericordia, por medio del lavamiento de la regeneración y la renovación por el Espíritu Santo» (Tito 3:5). Sin embargo, también representaba cómo debemos tratar a los demás. Estamos llamados a hacer lo mismo que hizo nuestro Señor y Maestro.

Lo que Él *hizo*.

Los seguidores de Cristo no solo debemos decir cosas amorosas; también debemos *hacerlas*. Estamos llamados a poner en práctica sus enseñanzas. *Seguir* es una palabra de acción. También lo es *creer*. Lo que significa que, si creemos en Jesús, no solo cambiarán nuestros pensamientos, sino también nuestro comportamiento, porque no podemos seguir a Jesús y quedarnos en el mismo lugar.

«Amados hermanos, ¿de qué le sirve a uno decir que tiene fe si no lo demuestra con sus acciones? ¿Puede esa clase de fe salvar a alguien? Supónganse que ven a un hermano o una hermana que no tiene qué comer ni con qué vestirse y uno de ustedes le dice: "Adiós, que tengas un buen día; abrígate mucho y aliméntate bien", pero no le da ni alimento ni ropa. ¿Para qué le sirve? Como pueden ver, la fe por sí sola no es suficiente. A menos que produzca buenas acciones, está muerta y es inútil» (Santiago 2:14-17 NTV).

Quienes llamamos a Jesús *Maestro* y *Señor*, tenemos razón, porque lo es. Y si nuestro Maestro y Señor lava los pies, también nosotros debemos lavarlos, porque Él nos ha dado ejemplo para que hagamos lo mismo que Él (Juan 13:13-14, parafraseado). Aunque lavar los pies no es una práctica cultural actual, la idea de servicio, humildad y acción permanece y, de hecho, es nuestro deber, al buscar representar a Jesús en un mundo donde muy pocas personas sirven y aman como Él.

Él vino a servir, no a ser servido.

Lo que significa que estamos para servir, no para ser servidos.

Y, como resultado, somos bendecidos cuando lo hacemos.

ENFOQUE DE ORACIÓN

Pídale a Dios que le muestre a quién, qué, cuándo, dónde y cómo puede servir hoy.

DE AHORA EN ADELANTE

- Efesios 2:8-9 dice: «Porque por gracia ustedes han sido salvados por medio de la fe, y esto no procede de ustedes, sino que es don de Dios; no por obras, para que nadie se gloríe». ¿En qué sentido su salvación no fue obra suya?

- ¿De qué maneras Dios lo está transformando más como Jesús?

- ¿Qué buenas obras ha preparado Dios para que las practique esta semana, el próximo mes y el próximo año? (No importa si no tiene una respuesta inmediata. Dedíquele tiempo a pensar, orar y pedirle al Señor, porque usted es hechura suya, ¡y Él tiene planes para su obra!).

DÍA 36

LA HORA
PARTE 3

Cuando Judas hubo salido, Jesús dijo: «Ahora es glorificado el Hijo del hombre y Dios es glorificado en él. Si Dios es glorificado en él, Dios glorificará al Hijo en sí mismo y lo hará muy pronto. Mis queridos hijos, poco tiempo me queda para estar con ustedes. Me buscarán y lo que antes dije a los judíos, ahora se lo digo a ustedes: Adonde yo voy, ustedes no pueden ir. Este mandamiento nuevo les doy: que se amen los unos a los otros. Así como yo los he amado, también ustedes deben amarse los unos a los otros. De este modo todos sabrán que son mis discípulos, si se aman los unos a los otros».

Juan 13:31-35 NVI

Glorificar. Ahí tiene otra palabra que significa acción. Significa ensalzar, exaltar, alabar, señalar, enaltecer, honrar, adorar; elija la que prefiera. Y cuando el tiempo de Jesús en la tierra se acercaba a su fin, y justo después de realizar uno de los actos de servicio más humildes conocidos por el hombre, habló de gloria.

Irónico, ¿verdad? Ante nuestros ojos, el Hijo del Hombre estaba realizando una gran labor con sus manos mientras uno de sus seguidores iba camino a vender su ubicación a las autoridades corruptas que lo arrestarían, golpearían y crucificarían inminentemente.

¿Dónde está la gloria en eso?

Bueno, como la mayoría de las cosas en el reino de los cielos, la idea de gloria de Dios es diferente a la nuestra. La muerte y resurrección de Cristo —planeadas por Dios desde el principio y que se desarrollan en este momento exactamente como Él las orquestó— es el acto de misericordia más atroz que el mundo haya conocido. La idea de que el Rey se hizo siervo (Marcos 10:35-45), el Creador se hizo sacrificio (Juan 1:1-3, 9-13) y el Perfecto se hizo pecado por nosotros (2 Corintios 5:21) simplemente no tiene sentido.

Excepto que sí lo tiene porque simplemente no había otro camino, ningún otro camino hacia la salvación, que Dios mismo lo trazara. Y porque Él *es* amor, porque Él *es* misericordia y porque Él *es* todopoderoso, hizo lo que revelaría todo lo demás: realizó el acto supremo de servicio. Al hacerlo, no solo les enseñó a sus seguidores lo que es realmente el amor, sino también que ningún acto de amor está fuera de su alcance. Ningún sacrificio es demasiado grande. Ningún pecado es demasiado profundo. Ninguna barrera entre nosotros es demasiado ancha como para que Él, en toda su gloria, no la pueda cruzar.

Agreguemos a la lista que Jesús es soberano (es decir, Aquel que ejerce poder sin límites), lo que significa que conocía el plan desde el principio y, en ese momento, habló fuera de los límites del tiempo. Es decir, habló como si ya lo hubiera logrado todo; fue glorificado porque su obra estaba prácticamente terminada. Había puesto sus ojos en Jerusalén (Lucas 9:51), y la hora había llegado. Todo lo que se había propuesto y planeado sin duda se cumpliría.

La última lección que enseñó a sus seguidores fue sobre cómo continuarían glorificándolo después de su partida: «Así como yo los he amado, también ustedes deben amarse los unos a los otros. De este modo todos sabrán que son mis discípulos, si se aman los unos a los otros» (Juan 13:34-35 NVI).

Hacemos las cosas que hizo nuestro Salvador.

Y lo glorificamos cuando lo hacemos.

ENFOQUE DE ORACIÓN

Dedique tiempo a adorar a Jesús. Dele gracias por humillarse para engrandecerse juntamente con Él. Ore por la capacidad de amar a los demás de una manera que glorifique a Cristo y edifique el reino de los cielos.

DE AHORA EN ADELANTE

- o *Misericordia* significa que no recibimos lo que realmente merecemos (es decir, gracias a Jesús, no somos castigados por nuestros pecados). *Gracia* significa que recibimos algo que realmente no merecemos (es decir, gracias a Jesús, recibimos la salvación). ¿Cómo la inmensa misericordia y gracia de Dios le da una mayor capacidad para amar a los demás de maneras que podrían o no merecer?

- o Jesús dijo: «En esto conocerán todos que son mis discípulos». ¿En qué usted es conocido?

- o ¿Qué necesita cambiar en su vida para glorificarlo más a Él?

DÍA 37

TRAICIONADO

Simón Pedro le preguntó: —Señor, ¿adónde vas? Y Jesús contestó: —Ahora no puedes venir conmigo, pero me seguirás después. —¿Pero por qué no puedo ir ahora, Señor? —le preguntó—. Estoy dispuesto a morir por ti. —¿Morir por mí? —le contestó Jesús—. Pedro, te digo la verdad, mañana por la mañana, antes de que cante el gallo, negarás tres veces que me conoces.

JUAN 13:36-38 NTV

Las intenciones de Pedro eran buenas. Hablaba en serio; creía sinceramente que era lo suficientemente devoto y valiente para afrontar cualquier desafío al servicio de su Maestro. El problema es que él no conocía completamente su propio corazón… pero Jesús sí.

«Y los que prendieron a Jesús le llevaron ante el sumo sacerdote Caifás, donde estaban reunidos los escribas y los ancianos. Y Pedro le fue siguiendo de lejos hasta el patio del sumo sacerdote, y entrando, se sentó con los alguaciles para ver el fin de todo aquello. [...] Pedro estaba sentado fuera en el patio, y una sirvienta se le acercó y dijo: Tú también estabas con Jesús el galileo. Pero él lo negó delante de todos ellos, diciendo: No sé de qué hablas. Cuando salió al portal, lo vio otra sirvienta y dijo a los que estaban allí: Este estaba con Jesús el nazareno. Y otra vez él lo negó con juramento: ¡Yo no conozco a ese hombre! Y un poco después se acercaron los que estaban allí y dijeron a Pedro: Seguro que tú también eres uno de ellos, porque aún tu manera de hablar te descubre. Entonces él comenzó a maldecir y a jurar: ¡Yo no conozco a ese hombre! Y al instante un gallo cantó. Y Pedro se acordó de lo que Jesús había dicho: Antes que el gallo cante, me negarás tres veces. Y saliendo fuera, lloró amargamente» (Mateo 26:57-58, 69-75 LBLA).

La mayoría de nosotros hemos estado en esa situación, de alguna manera, en ese lugar donde nuestra fe se ve expuesta como débil y deficiente. Quizás, como Pedro, sea el miedo a la persecución, o incluso el simple rechazo, lo que nos aleja de Jesús. Quizás sea la pérdida de un trabajo o de un ser querido lo que nos hace cuestionar su soberanía, su bondad o su misericordia. Quizás sea una enfermedad crónica que nos deja con la cabeza agachada, preguntándonos si realmente le importamos. O si realmente está ahí.

Quizás sea un sueño frustrado o alguna otra profunda decepción que nos lleva a autoprotegernos o abandonarlo por completo.

Sean cuales sean nuestras circunstancias específicas, hay cosas en la vida que revelan la profundidad de nuestra fe y devoción a Jesús. Es triste, y tiene sentido que Pedro llorara. Pero la cuestión es esta: a Jesús no le sorprende nuestra falta. Eso no significa que no le duela; sí. No significa que no tengamos que arrepentirnos cuando sucede; lo hacemos. Pero tampoco significa que nos abandone, porque Él no lo hace.

Jesús sabía lo que Pedro haría, pero esa última noche le lavó los pies de todos modos. Jesús sabe lo que usted también hará, y todavía le ama. Donde su fe es débil y tambaleante, Él es su apoyo. Cuando lucha, duda o le domina el miedo, Él permanece y es paciente. Cuando se desvía o fracasa rotundamente, Él le brindará amplias oportunidades para que regrese, se arrepienta y cambie.

Y, al igual que hizo con Pedro, Él seguirá usándolo.

ENFOQUE DE ORACIÓN

Alabe a Jesús por ser fiel cuando usted le es infiel. Dele gracias por su misericordia y gracia, y por las oportunidades de crecer. Pídale que aumente su fe para que se convierta en la persona que Él está forjando en usted… y quizás un poco más rápido.

DE AHORA EN ADELANTE

- ¿De qué maneras se ha demostrado que su fe es débil o deficiente?

- ¿De qué maneras ha sido Jesús paciente y misericordioso con usted?

- Lea Hechos 2:14-41 para ver cómo Pedro llegó a ser lo suficientemente devoto y valiente para afrontar cualquier obstáculo al servicio de su Maestro. Eso es todo. Simplemente léalo y anímese.

DÍA 38

MORADAS

«No se turbe el corazón de ustedes. Creen en Dios; crean también en mí. En la casa de mi Padre muchas moradas hay. De otra manera, se los hubiera dicho. Voy, pues, a preparar lugar para ustedes. Y si voy y les preparo lugar, vendré otra vez y los tomaré conmigo para que donde yo esté ustedes también estén. Y saben a dónde voy, y saben el camino». Le dijo Tomás: —Señor, no sabemos a dónde vas; ¿cómo podemos saber el camino? Jesús le dijo: —Yo soy el camino, la verdad y la vida; nadie viene al Padre sino por mí. Si me han conocido a mí, también conocerán a mi Padre; y desde ahora lo conocen y lo han visto».

Juan 14:1-7 RVA-2015

Como siempre, el contexto importa. Lo que significa que es importante que Jesús les dijera a sus discípulos que no se turbaran sus corazones apenas horas antes de que Él, el Creador y Salvador del mundo, fuera brutalmente crucificado.

Lo iban a ver, la mayoría desde la distancia, aunque huyeron, lo que sin duda multiplicó su dolor y lo destruyó la vergüenza (Marcos 14:50). Estarían confundidos, sabiendo que Aquel a quien habían visto resucitar a los muertos, estaría muerto (Mateo 9:23-25; Lucas 7:11-17; Juan 11:38-44). Estarían asustados (por decirlo suavemente) porque temían por sus vidas. Ver a Jesús ensangrentado y golpeado hasta quedar irreconocible, y luego clavado en la cruz como un criminal, los llevó literalmente a esconderse en el aposento alto (Isaías 52:14; Marcos 10:34, 15:15; Lucas 23:32; Juan 20:19).

Pero lo peor de todo era que estarían sin Él.

Piensen en eso. Durante tres años pudieron permanecer en su presencia, escuchando y aprendiendo, siendo amados y guiados diariamente. Luego, de repente, Él se fue.

Todo lo anterior es exactamente la razón por la que Jesús les dijo a sus amados seguidores: «No se turbe el corazón de ustedes». Él sabía lo que sus ojos verían. Sabía lo que sus oídos oirían. Sabía lo que sus almas soportarían y hacia dónde se inclinarían sus corazones (es decir, impotencia, desesperanza, infidelidad).

Así que les dio una imagen de lo que estaba por venir.

No hay muchas ocasiones en las Escrituras, y mucho menos en los sermones de Jesús, donde se nos den detalles sobre la vida eterna que Él promete. Se nos dice que nuestra esperanza está más allá de este mundo corrompido (Hebreos 13:14; 1 Juan 2:15-17). Se nos dice que somos vencedores (Juan 16:33; Romanos 8:37). Y se nos dice que algún día para los seguidores de Jesús no habrá más tristeza, angustia, confusión ni lágrimas (Apocalipsis 21:4).

Y se nos dice que habrá unas moradas.

Viviendas en la casa de Dios, preparadas y aseguradas para nosotros por Jesús mismo.

No es tanto como nos *gustaría* saber. Sin duda, sería interesante tener algunos adjetivos más sobre el cielo. Más información para reflexionar. Más imágenes para contemplar. Pero, oye, *es* bueno saber que esta vida, con todo su dolor y confusión, enfermedad y sufrimiento, miedo, muerte y destrucción, algún día pasará.

Y quienes decidamos seguir a Jesús, estaremos con Él.

«Vi un cielo nuevo y una tierra nueva; porque el primer cielo y la primera tierra pasaron, y el mar ya no existe más. Y yo vi la santa ciudad, la nueva Jerusalén que descendía del cielo de parte de Dios, preparada como una novia adornada para su esposo. Oí una gran voz que procedía del trono diciendo: "He aquí el tabernáculo de Dios está con los hombres, y él habitará con ellos; y ellos serán su pueblo, y Dios mismo estará con ellos como su Dios. Y Dios enjugará toda lágrima de los ojos de ellos. No habrá más muerte, ni habrá más llanto, ni clamor, ni dolor; porque las primeras cosas ya pasaron"» (Apocalipsis 21:1-4 RVA-2015).

ENFOQUE DE ORACIÓN

Alabado sea el Dios de la Creación. Alabado sea Jesús, quien se humilló y se hizo como hombre para salvarnos. Alabado sea el Espíritu Santo que nunca nos abandona, incluso cuando nos alejamos de Él. Alabado sea Aquel que promete que ciertamente está preparando moradas para quienes creemos.

DE AHORA EN ADELANTE

- ¿De qué maneras permite que su corazón se aflija?

- ¿Cómo creer en Jesús le ayuda a mitigar su angustia, específicamente en sus promesas de nunca dejarlo solo en la tierra y de prepararle un lugar en el cielo (Juan 14:16-20)?

- ¿Cómo podría ayudarle a soportar las circunstancias difíciles actuales cuando imagina su morada en el cielo?

DÍA 39

NO TENGA MIEDO

«La paz les dejo, Mi paz les doy; no se la doy a ustedes como el mundo la da. No se turbe su corazón ni tenga miedo».

JUAN 14:27

Durante tres años, Jesús había calmado los temores de los discípulos con su presencia, incluso cuando temían su presencia, lo cual, para Pedro, coincidió con su primer día de discipulado. Tras una noche de pesca infructuosa, Jesús le indicó a Simón (antes de Pedro) que volviera a intentarlo. De mala gana, Pedro escuchó y obedeció.

El resultado fue una red tan llena que casi se rompe y una barca tan pesada que casi se hunde. Luchando por comprender el peso espiritual de todo aquello, Simón cayó de rodillas y le dijo a Jesús: «¡Apártate de mí, Señor, pues soy hombre pecador!» (Lucas 5:8).

«Y Jesús dijo a Simón: "No temas; desde ahora serás pescador de hombres"» (Lucas 5:10).

Adelantándonos al momento en que el ministerio estaba en pleno apogeo, Jesús, tras alimentar milagrosamente a una multitud de más de cinco mil personas, envió a sus discípulos en una barca mientras él se retiraba a la ladera de una montaña a orar. Los discípulos no sabían que les aguardaba una gran tormenta, así como un Mesías que caminaba sobre el agua. «Y los discípulos, al ver a Jesús andar sobre el mar, se turbaron, y decían: "¡Es un fantasma!". Y de miedo, se pusieron a gritar. Pero enseguida Jesús les dijo: "Tengan ánimo, soy Yo; no teman"» (Mateo 14:26-27).

En el griego original, «tener ánimo» puede traducirse como «estar de buen humor», que es similar a «no tener miedo». Sin embargo, en lugar de centrarse en la ausencia de miedo, prioriza la decisión activa de ser valientes en medio de una tormenta aterradora, lo cual solo sería posible si Jesús estuviera allí. En esencia, les estaba diciendo: «¡Ánimo! Concéntrense en mí y no tendrán miedo». Tomándoselo en serio, Pedro salió de la barca y se dirigió hacia Jesús.

Volviendo al final de su ministerio juntos, Jesús les anunció que se apartaría de ellos, lo que significaba que ya no serían consolados por su presencia física. Sabiendo que el miedo se apoderaría de sus corazones, Jesús les dijo: «La paz les dejo, Mi paz les doy; no se la doy a ustedes como el mundo la da. No se turbe su corazón ni tenga miedo» (Juan 14:27).

Aunque les costaba comprender el peso espiritual de todo aquello, escucharon y obedecieron a regañadientes. Después de la crucifixión, la resurrección, la ascensión y la llenura del Espíritu Santo, Pedro, al igual que el resto de los discípulos, experimentaron la paz sobrenatural que Jesús les dejó. A pesar de estar en medio de todo tipo de tormentas terribles, se animaron porque estaban centrados en Él.

Ya sin miedo, Pedro se convirtió en pescador de innumerables hombres. El resultado fue un corazón tan pleno que casi se rompe, porque ese es el precio que se paga por ser un discípulo que elige activamente la valentía y camina continuamente hacia Jesús.

ENFOQUE DE ORACIÓN

Alabe a Dios por darle la paz que solo Él puede dar. Pídale que calme su corazón ansioso y lo ayude a no tener miedo. Dele gracias por su presencia en usted y por nunca dejarlo ni abandonarlo.

DE AHORA EN ADELANTE

- Describa una ocasión en que la paz de Cristo evitó que su corazón se angustiara en medio de una tormenta.

- Al enfrentar una situación difícil de comprender, ¿elige activamente ser valiente y encontrar fuerza en la presencia de Jesús?

- ¿Qué pasos da para mantener la paz en medio del caos de la vida cotidiana?

DÍA 40

EL CONSOLADOR

«Cuando venga el Consolador, a quien Yo enviaré
del Padre, es decir, el Espíritu de verdad que
procede del Padre, Él dará testimonio de Mí,
y ustedes también darán testimonio, porque
han estado junto a Mí desde el principio».

JUAN 15:26-27

Antes de Pentecostés, antes de que la presencia transformadora del Espíritu Santo, en forma de lenguas de fuego, descendiera sobre los discípulos y los llenara de gran poder, permitiéndoles hablar en diferentes idiomas y declarar las maravillas de Dios a personas de diversas naciones, Jesús les explicó que necesitarían desesperadamente, y eventualmente recibirían, ayuda sobrenatural para transmitir sus enseñanzas y dar testimonio de Él.

Durante tres años, Jesús les había estado enseñando lecciones más de las que sus mentes humanas podían comprender. Pero eso tenía que cambiar. En preparación para su inminente partida, Jesús les habló del Consolador, también conocido como el Espíritu Santo o el Espíritu de verdad, y cómo los guiaría en su comprensión y los capacitaría para dar testimonio de Jesús. Es decir, todo lo que los discípulos habían fallado o no habían comprendido la primera vez se corregiría y recibiría una nueva luz. Solo tenían que obedecer.

Así es como esto se manifestó en la vida de Pedro. Antes de la llegada del Espíritu Santo en Pentecostés, Pedro tuvo momentos de entusiasmo y valentía, pero también experimentó dudas y un miedo paralizante que lo llevaron a huir de Jesús y a insultar a una joven. Para salvar su vida, Pedro negó conocer a Jesús tres veces. Su debilidad humana y las limitaciones de su fe quedaron en evidencia. Claramente, Pedro necesitaba ayuda.

¡Y la recibió! Después de recibir el Espíritu Santo, su capacidad para testificar de Jesús se transformó radicalmente. En Hechos 2, se dirigió con valentía a una gran multitud, proclamando sin temor el evangelio y explicando el significado de la muerte y resurrección de Jesús. El mismo hombre que antes maldecía y se escondía, ahora hablaba con convicción y autoridad; tanto es así que sus palabras traspasaron los corazones de quienes lo escuchaban y se conmovieron

(Hechos 2:37). Aproximadamente tres mil personas se convirtieron y bautizaron en un solo día.

No se detuvo ahí. En Hechos 4, cuando Pedro y Juan fueron llevados ante las autoridades religiosas e interrogados sobre la curación de un hombre cojo, Pedro declaró con valentía: «En ningún otro hay salvación, porque no hay otro nombre bajo el cielo dado a los hombres, en el cual podamos ser salvos» (v. 12).

Eso, damas y caballeros, es valentía sobrenatural. Cuando Pedro pudo haber sido eliminado en el acto, se mantuvo firme en su testimonio de Jesús.

Tal poder no pasa desapercibido, y ese es el punto precisamente. «Al ver la confianza de Pedro y de Juan, y dándose cuenta de que eran hombres sin letras y sin preparación, se maravillaban, y reconocían que ellos habían estado con Jesús» (Hechos 4:13).

Los líderes atribuyeron la nueva valentía de los discípulos a su relación con Jesús, porque de repente tenían lo que Jesús tenía y podían hacer lo que Él hacía. Ellos recibieron la misma sabiduría y audacia con la que Jesús enseñó y testificó.

Y nosotros también.

El mismo Consolador, también conocido como el Espíritu Santo o el Espíritu de verdad, nos guiará en nuestro entendimiento y nos capacitará para dar testimonio de Jesús. Esto significa que todo aquello en lo que hemos fallado y no entendimos la primera vez puede corregirse y recibir una nueva revelación.

Solo tenemos que obedecer.

ENFOQUE DE ORACIÓN

Alabe a Dios por su corrección y su nueva iluminación a través del Espíritu Santo. Pídale que lo guíe en su comprensión y lo fortalezca para dar testimonio de Jesús. Dele gracias por la presencia transformadora del Consolador en su vida.

DE AHORA EN ADELANTE

- ¿Le resulta difícil aceptar que puede proclamar el evangelio y testificar de Jesús con la misma valentía que los discípulos? ¿Por qué sí o por qué no?

- Busque estos versículos que resaltan el poder transformador que recibimos del Espíritu Santo: Hechos 1:8; Efesios 3:16; Romanos 15:13; y 2 Timoteo 1:7. ¿Cuál de ellos en particular le «traspasa el corazón», lo conmueve o le resuena más?

- Describa una ocasión en la que experimentó una oleada palpable de sabiduría o valentía sobrenatural. ¿Cuál fue el resultado?

ACERCA DE LOS AUTORES

Amanda Jenkins es autora y conferencista con un título en Comunicación y Estudios Bíblicos.

Kristen Hendricks es autora, conferencista, artista y propietaria de Small Girl Design. Ella y Amanda escriben y desarrollan contenido complementario para *The Chosen*, incluyendo planes de estudio, libros infantiles y devocionarios para ayudar a los lectores a aplicar las verdades bíblicas.

Dallas Jenkins es cineasta, autor, conferencista y padre de cuatro hijos. Produce la épica serie de televisión *The Chosen*, que se transmite en todo el mundo.